本书由广州市新型智库建设专项资金资助出版

广州学研究丛书

词述广州四十年

流行词语境中的广州学密码

THE CODE OF CANTONOLOGY
IN CONTEXT OF POPULAR WORDS

饶原生 著

社会科学文献出版社
SOCIAL SCIENCES ACADEMIC PRESS (CHINA)

C O N T E N T S

目录

写在开头："粤方言北上"及其他

　　就像"芝麻，开门"的古老咒语一样，不曾收到随书附送的"开门咒语"，恐怕也会不得其门而入。还是先送"开门咒语"再说话吧——

　　本书阅读指定词汇路径：《现代汉语词典》。
　　本书阅读三个特定关联概念：流行词，广州学，改革开放40年。

　　生为广州人，对本土文化有着一种解不开的热恋情结，反映在说话上，总是"打的""埋单""养眼""生猛""炒更""搞笑""入围""炒鱿鱼"地照讲白话不误。口头表述倒没什么，落到书面文字时曾颇费踌躇，不知道这样书写是否符合现代汉语的规范。汉语七大方言，粤方言本就占有一席重要地位。粤语来自中原，一直以来被喻为古汉语的活化石。先是"雅语南下"，在彻头彻尾的"地方化"之后，因频繁的对外交往又"舶来化"，遂有"立中原之粹，纳四海之风"的文化特质。只是，在语言文字规范化的境况下，再去使用粤方言就有点不好办。

中国各民族、各地区的语言呈现百花齐放的丰富性，但不利于交往。早在 1956 年 2 月 6 日，国务院就发布了推广普通话的指示，并责成中国科学院语言研究所的专家在 1958 年编写以确定词汇规范为目的的《现代汉语词典》。为了让全国人民在规范化的语境下说话，《现代汉语词典》的成书工程不可谓不艰难，不可谓不浩大。专家们从 1958 年初开始试写，1959 年完成初稿，1960 年印出"试印本"征求意见，1965 年又印出"试用本"送审稿，1973 年开始对"试用本"进行修订，至 1977 年才全部完成修订。以上只属于《现代汉语词典》的"前世"。到了"今生"——正式出版第 1 版是在 1978 年，非常巧合，是年为我们国家的改革开放元年。

40 年来，《现代汉语词典》先后经历了 7 个版本的不断增补、修订。令我大感惊讶的是，商务印书馆 2005 年 6 月出版的第 5 版《现代汉语词典》，一批粤方言词语被收进来了，改革开放 40 年来所一直呈现的"粤方言北上"现象，至此终于得到了一个最权威的认证，汉民族在规范语境时已不完全拒绝粤方言了。到了 2012 年、2016 年，《现代汉语词典》再出第 6 版、第 7 版，又是一批粤方言词语加入"规范汉语大军"。其实，《现代汉语词典》作为正式出版物的 40 年历史，正好见证了中国人改革开放 40 年所经历的命运大改变。广州得改革开放风气之先，经济和文化方面的"北上"也先行一步，像"打的""炒更""T 恤""歌厅""超市""三资企业""头啖汤""生猛海鲜"这样一些发端于广州以及珠三角的新事物、新潮流、新观念，不断影响着全国，而粤方言参与的"北上"，不过是附在其中的一个语言符号罢了。所谓语言"北上"，实是文化交融。

　　一方面，是"粤方言北上"；另一方面，则是"普通话南下"。始于1956年的大力推广普通话，任务艰巨而时间漫长，广州却是在改革开放后才取得了突破性的进展。这怪不得广州人，"天不怕，地不怕，就怕广州人讲官话（普通话）"，天生不会卷舌头的生理原因，使说白话的粤人把推普中的诸多发音笑料比喻为"煲冬瓜"（很多说不好普通话的粤人，其"普通话"三字的发音近似"煲冬瓜"）。有些事情，需要外力的推动。改革开放先行一步所最早孕育出的一方热土，造成了社会大变迁中的新一轮人口大迁徙，五湖四海的人在来广州和珠三角创业、打工、发财的同时也带来了普通话。目前全广东省21个地级以上市，普通话早已在其中的深圳市和珠海市取得了主流语言地位，国家办经济特区的同时，也取得了办"语言特区"这一意外收获。"普通话南下"，还给广州人带来了全国视野。正如全球经济一体化迫使人们不得不学习英语一样，立足于全国发展一盘棋的广州人，在公务场合都已滚瓜烂熟地在说普通话了。

　　体现在新版《现代汉语词典》中的词汇流变，其实是"四海汇成流"的新语言格局。世界只有一个中国，可是，全球华人在中国改革开放之前却有太多的隔阂，"乡愁是一湾浅浅的海峡，我在这头，大陆在那头"，台湾诗人余光中的诗句道尽了海峡两岸一度缺乏沟通的无奈。改革开放40年，开启了全球华人之间日趋亲密的接触通道。大量的台湾方言，随着海峡两岸经济、文化上的交往增多，也成了大陆这边的流行词，被工具书收录应是水到渠成的事情。另外，我们民族共同语言的丰富性，还体现在北京话、上海话、东北话、四川话等各地的方言，都加入这个规范用语的大家庭中。

　　似乎不应该忘了网络语言，各行各业的"热词榜"是互联网的一道特色风景。作为一种语言上的"网络新力量"，网络语言已成为网民尤其是青少年一代交流的工具，显示出巨大的交流能量。也许是出于规范用语所必须持有的审慎态度，第 5 版《现代汉语词典》修订出版时，还找不到网络语言的一席之地；不过，到了第 6 版、第 7 版，则已发现有"PM2.5""宅男""宅女""劈腿"等网络热词被收录其中。究其实，只要有人在上网，网络流行词就是一个客观存在。经过时间的自然筛选，人们在使用网络流行词的过程中会将有用的、方便的留下来，将那些晦涩的、不被普遍认同的淘汰掉。《现代汉语词典》作为一部学术界公认的最权威的汉语工具书，随着其继续修订，不断有新词语得到肯定，这对民族语言的规范实在是好事。

　　你中有我、我中有你，南北交融、东西交融，这是一种语言流变的世界性大趋势。关注流行词现象时我发现，在这个经济全球化、文化却多元的世界里，不仅仅是英语词汇通过读音上的"英译中"而陆续进入我们的语境，我们的汉语发音同样会依循"中译英"的路径融进西方先进文化的最新传播。中国已经融入了世界，世界不能不正视当今的中国。显而易见，如果中国不搞改革开放，全球发达国家和地区所普遍认可的一种主流语言，与现代汉语之间恐怕就难于寻求兼容。

　　追寻 40 年来的流行词，回忆改革开放 40 年对中国人命运的改变，可以视作广州学研究的鲜活样本解读。广州是全国改革开放的前沿地，创造了许多引领时代潮流的新鲜经验，由此呈现的开放意识、改革意识、市场意识和实践意识，无不展现打动国人的个性化一面。每个地方都有独特的语言，一切现象都是语言现象。立足广州市，兼顾珠三角，试对改革开放 40 年

的流行词择要进行一个梳理，似乎亦能洞见广州学研究的魅力
所在。

品读40年来的流行词，你会发现这个地方的故事、基因、
源流、观念、价值、梦想等等，既传承中华文化的传统一脉，
亦吸纳四海之风，其词其人其事其活法，都有那么一些可感知
却又不可言说的个性，颇为传神地折射着城市文化的独特魅力。
这种地方文化的个性，得两千多年历史传承之积淀又融会贯通
于外部世界的变化。法国哲学家雅克·德里达说过一个观点，
叫“语言之外别无他物”，借用到这里，是为开场白。

饶原生

2018 年 3 月 10 日

一　粤方言北上

　　得改革开放风气之先，广州连同珠江三角洲创造了许多引领时代潮流的新鲜经验，由此呈现的开放意识、市场意识和实践意识，无不展现打动国人的一面。"炒更""T恤""歌厅""饮茶""超市""执生""生猛""头啖汤"等粤方言参与的"北上"，不过是附在40年改革开放业绩和观念上的一些语言符号罢了。

执生

【释义】找一条生路。

【例句】这个课题交给你，自己～啦！

　　"杀出一条血路！"当年邓小平同志一句话，激励起广东人不把改革开放搞出个名堂誓不罢休的冲天豪情。

　　40年前的广东，GDP在全国只排二十来位，经济总量则只占全国的5%左右。其实，经"文革"浩劫，全国经济元气大伤，东西南北中，全国人民那时基本不存在经济上的差距。且看 1977 年，深圳农民的年收入是 134 元人民币，但就在一河之隔的香港新界，农民年收入高达 13000 多港币（当时人民币与港币之间的汇率差别并不大）。难怪当时老百姓中间会流传这么一句话："香港资本主义制度是批起来臭，吃起来香。"

2018 年 1 月，广东省十三届人大一次会议在广州召开，广东省政府工作报告透露：广东全省地区生产总值从 2012 年的 5.8 万亿元增加到 2017 年的 8.99 万亿元，连续 29 年居于全国首位。这其中，广州、深圳两座一线城市都以 2017 年突破 2 万亿元的年 GDP，显示着改革开放 40 年的不同凡响。

回看 1978 年，十一届三中全会召开，确定了改革开放的大政方针，确定了以经济建设为中心。具体怎么做？用得上一句粤语：自己"执生"！

如何"执生"？1979 年 4 月，中央工作会议在首都京西宾馆举行，时任广东省委第一书记习仲勋赴京参加会议，发言时提出了广东先走一步、希望给广东放权的要求。接下来在向邓小平同志汇报时，习仲勋又具体陈述了在沿海划出一个地方，用特殊政策单独管理，按照国际上通常的做法引进外资的大胆设想。广东所提出的要求和设想，与正在思索改革开放突破口的邓小平的思路不谋而合。据习仲勋生前回忆，在听取汇报后，邓小平当即表示支持，鼓励广东大胆实践。小平说："中央没有钱，可以给些政策，你们自己搞，要杀出一条血路来。"

广东省委决定，由时任省委书记吴南生负责筹办深圳、珠海和汕头三个特区。特区首创，举步维艰，不仅中央不给一分钱，还有政治风险，吴南生在会议上表态："做成了最好，做不成，杀头杀我一个人，这是'杀头工程'。"想不"杀头"，只有"执生"。"执生"是一种观念。广东得改革开放风气之先，随"粤方言北上"而首先影响并向全国蔓延的，也正是像"执生""饮头啖汤"这样的观念。

吴南生那时是省委书记、省特区办主任、深圳市委第一书记兼市长一肩挑。据他回忆，那时他曾与海外乡亲庄世平先生商量："你办银行有大把钱，特区政府要向你借款搞建设。"作为南洋商业银行董事长的庄世平先生回答："你向银行借钱是要付利息的，到期就要偿还的。用贷款去搞基本建设，无论三通一平还是六通一平，建设期限较长，收回成本不容易。其实你有大把钱，特区政府比银行还要富。"吴南生问："钱在哪里?"庄世平说："在你脚下。"

"钱在哪里?""在你脚下。"广东要在中国改革开放的伟业中当好开路先锋，观念的先行又使得人们眼界大开。深圳特区率先尝试把土地的价值释放出来，让它既有使用价值又恢复其交换价值，而这个问题，当时在内地连想都不敢想。不"执生"，就"执死"，广东办特区，就是靠着解放思想、实事求是、大胆开拓、勇于实践，硬是"杀出一条血路"。各显神通、用活政策而率先"杀出一条血路"的，还有珠海、东莞、中山、南海、顺德等地，然后带动整个珠江三角洲，乃至整个广东。

后来好多北方干部来珠三角取经，常常听到"执生"这个词。回去一用，很灵。只是，作为被全中国所证明了的解放思想、观念先行的一种广东经验，新版《现代汉语词典》不知何故漏了收录?

头啖汤

【释义】先行一步。

【例句】 我有今时今日，全靠饮了～。

不懂得饮"头啖汤"的，不是广州人。不懂得饮"头啖汤"的，做人一世都不会发达。"头啖汤"本义是第一口汤，原为广州人的饮食术语，即老火靓汤中第一道原汁原味的汤水，其引申义基本已取代原义。虽没有在新版《现代汉语词典》上得到权威的确认，但其涵义却早为国人所熟知。

改革开放之初，全国人民都渴望发展经济、渴望改善生活；同时，又受到极"左"思潮束缚，不敢创新和探索。既承担着为全国寻求发展出路的重任，也是自己脱贫致富的愿望驱使，广州人先饮"头啖汤"了！

1979 年，在阳江当知青的容志仁将户口迁回原居住地广州。同年他去街道办事处申请个体户营业执照时（最早时，工商部门还不负责发放执照），还不懂什么叫做生意。西华路的容光饮食店开张了，他至今记得一个二年级小女孩买早餐时说的话："叔叔，我只有一毛钱，一碟粉我吃不下，能不能粉和粥各要一半啊？"只花一毛钱，又有肠粉又有粥，他觉得这想法挺不错。靠着"一毛钱学生餐"，薄利多销，作为全国最早产生的个体户之一，他成了"万元户"。

20 世纪 80 年代初的广州，凭着做早餐、卖烧鹅、开发廊、销时装等个体营生，城市里崛起了时称"万元户"的先富起来的一群人。那时候，容志仁的学生餐、高德良的太爷鸡、陈兴昌的童服、赵钟鸣的照相、何炳的皮鞋、温万年的海鲜野味、严慕贞的发廊、曾三英的服装、谢仲余的电焊机、任卫君的眼镜零件等，都是报章上热说的"明星万元户"。回城知青和"下海"人员，构成了最早的"万元户"群体。

到 80 年代中期，国家发展私营经济的政策，继续唤起"先饮'头啖汤'"的人们。现任德中经济文化交流协会会长的倪穗礼回忆说，有一天读报时见有关于私营企业的草案发布，马上就跑去区工商部门咨询如何注册这类企业，因此还拿了个广州"私企001号"的注册登记号。在那个阶段，辞职"下海"的、"海归"的、部队转业的……抓住机会就积极创业，就闷声不响发大财。

相比较城市而言，珠三角农村的老百姓似乎走得更快、富得更精彩。主要有两种模式：一是种养业，"养鸡大王""鳗鱼大王""孔雀大王""兰花大王""饲料大王""花生油大王"们的纷纷呈现，是珠三角农村各地先富起来的一道道风景线；二是乡镇企业，"洗脚上田"的同时，是"广东货""珠江水"南来北往换钞票的大好时光。看准机会，就有"头啖汤"可饮。

1992 年以后，明白了小平同志"发展才是硬道理"的殷殷召唤，融入市场经济的大潮，房地产业、知识产业、证券业……各路创业英雄纷纷涌现。不过，90 年代后的广东，已是"东西南北中，发财到广东"，是数以百万、千万计移民的大迁徙、大创业。先跑广东者，先饮"头啖汤"。

第一个做个体户、第一次试水私营企业、第一家创办的中外合资企业、第一回探索做乡镇企业……广东人在改革开放中率先探索，创造了许多"第一"，为社会生活的改变和社会评价的变化带了好头，率先做出了贡献。思想大解放，推动大发展，用广州人的话来说就是先饮"头啖汤"。

养眼

【**释义**】看了美丽的风景、容貌等使人视觉愉悦。

【例句】我们写字楼里美女多，每天上班感觉特别～。

见到美女和美景，我们会说养眼。养眼的过程，是调节眼部神经、眼部肌肉和视网膜，加速眼睛周围血液循环的过程。养眼使我们热爱生活、享受人生。

40年前，城市街头并不养眼；40年前，人们不怎么说养眼。那时候大家走出家门都穿差不多颜色的衣服，那时候大街上衣着一片黑灰蓝。第一次来中国的老外因此睁大了迷惘的双眼：怎么中国人全都长成一个模样？

没办法，谁敢穿上颜色稍鲜艳、款式稍特别的衣裳，谁也许就代表了资产阶级的腐朽思想。所以才有全国美展上，一个女孩因为穿着喇叭裤而在革命烈士的画像前竟显得十分羞愧的情境。改革开放的初春，可谓春寒料峭。春色满园关不住，一种养眼在挂历。美女们继在挂历上探头探脑之后，接下来又盯上了期刊的封面，但有妇联干部却坐不住了："难道不能用女英雄代替美女吗？为什么不登卓越的工人、农民或在工作中做出特殊贡献的妇女的照片呢？"

爱美是人的天性，养眼是发自内心的追求，随着国门的打开，广州人最早穿起了五颜六色的T恤。电视剧舶来的养眼信息，更是使得人们眼界大开，男孩看了《大西洋底来的人》，就都去模仿主人公戴一副"麦克镜"，女孩看了《排球女将》就都玩起"纯子发型"。那一年，《羊城晚报》在头版刊出《广州街头寻美军》，报道了海外所引进的一种叫做猎装的热门服装款式，一时引起好多争论、好多喧哗。

人类爱美的天性，不分年龄和职业，不论身份和级别。改革开放带给人们的是日趋多姿多彩的生活，美好生活的追求没有止境。改革开放，海风徐来，人们开始重新审视自己，追求想要的本来生活。20 世纪 80 年代中期，时任广东省省长梁灵光夫妇，来到广州开设的第一家艺术婚纱影楼，用人生之旅的这美丽一刻，身体力行地昭示了养眼亦要敢为人先的观念革命。

据原广州市经委干部林青云回忆，老省长梁灵光与自己同是归侨和福建永春老乡，同声同气，加上老省长平易近人，两人是多年的忘年交。那一回，广州市第一家中外合资的"仙柏"婚纱影楼在广州市第一工人文化宫开业，当时拍婚纱照还是个新潮的事物，但老省长思想开放，欣然应影楼老板之邀，带着家人，由林青云陪同，出席了影楼的开业典礼。老省长又和夫人朱含章，大大方方地化妆、拍婚纱照，还同意把婚纱照作为样板，在影楼的窗口展出，一时传为佳话。

许多我们今天看来习以为常的事情，在最初出现的时候都会承受一定的压力，新旧观念的矛盾和冲突，始终贯穿并推动着改革开放的进程。从省政府最高行政领导在一件小事上的力推，可知风景何以这边先好。今天，没有谁再对养眼行为提出非议了，而养眼作为源自广州的汉语新词汇，也大大方方地走进了新版《现代汉语词典》。

打的

【释义】打车。

【例句】去那个地方，~最省时间。

"粤方言北上"，"打的"最成功。它，不光是堂而皇之地进入了新版《现代汉语词典》，还让一种"顾客就是上帝"的服务理念随其行为，在祖国大地发扬光大，让全国人民都实实在在享受到出行的方便。

"的"，是"的士"（TAXI）的缩写，而"的士"又是出租小汽车的缩写。最妙的是"打"，"扬手即停"的过程居然就全涵盖在字里行间了，而不懂粤语者，也完全可以按普通话的发音去理解其词义："搭"，"搭的"。

若是在改革开放以前，又有谁听说过打的？那时虽说也有出租小汽车，但全龟缩在宾馆里，没有电话预约就不会出来。而之前"扬手即停"的能方便顾客的交通工具，就只有人力三轮车和机动三轮车（俗称"三脚鸡"那种）这两样了。据广州市荣誉市民刘耀柱的忆述，1979 年，他引进一批的士开办白云出租小汽车公司的举措，竟开了内地"扬手即停"的先河。

1978 年，祖籍广州石井镇夏茅村的香港居民刘耀柱得知祖国大陆改革开放了，便开始了回乡探亲的路程。但是，那时候交通实在不方便。他乘船到了广州洲头咀码头，提着大包小包，发现不像香港那样，可以靠"打的"解决交通问题。无奈，他先就近找了个地方住下，再打电话让乡亲们从夏茅村骑一个多小时的单车出来，再坐单车尾（自行车后架），又是一个多小时颠簸着进村。

有一天，听说有个的士项目时，刘耀柱冲动地就想试一试。20 世纪 70 年代末，整个内地依然充满着艰苦朴素的风气，办出租小汽车公司能不能赚到钱，他还真一点把握都没有。他当时是这样想的：改革开放肯定是要人民过上好日子，但一个城市若是服务不全的话，又怎么能繁荣起来？从香港回大陆探亲的人眼看越来越多，能满足这一部分人的需求就不错。

原先刘耀柱不太懂的士这一行，但不懂就问。他分别找了好些车行来谈，问各种车子的性能，让对方报价。接着，他向广州的合作方提出，购买日产的车子吧，既耐用又便宜还省油。合作方对此没什么异议，但接下来的两个问题却有些波折。第一个问题是车身颜色，他坚持要用红色。合作方认为不妥，说除了消防车，哪有这么搞的？合作方没有明说的，还因为红色在当时有着特定的使用意义。其实，不要说红色的士了，那时街上人们穿的仍是千篇一律的灰蓝黑啊。

第二个问题，就是"扬手即停"了。红色车子已经够引人注目了，还要满大街四处跑？合作方表示，太不可思议了。刘耀柱于是解释说，你就是个靓女，摆在家里也不会有人知道，所以要走出门去让大家欣赏。的士服务亦同一个道理。他强调，"扬手即停"和红色车身，主要是参照香港做法，目的是与世界接轨。

合作方其实很通情达理，很想冲破一些旧框框。这两个问题，很快就都依刘耀柱说的办了。从这个合作中，他体会到，广东的改革开放之所以取得很大成就，确实是因为一直以来敢于解放思想。双方的签约，在一间旧房子的"碌架床"（上下层双人床）上进行。签约之后，他所购进的200辆红色的士就先后开上了广州街头。

因为一个项目，引进了一种全新的生活方式。"打的"很快成为全国通用的流行词语，"扬手即停"亦成为广州得改革开放风气之先的"红色信号"。的士车身再出现什么新颜色，人们都已见怪不怪。但刘耀柱当时的行动，确实是一个大事件。就现代汉语大家族中新增"打的"而言，这个"北上"信号真是了不起。

搞掂

【释义】把事情办妥，把问题解决好。

【例句】小事一桩，我能~！

翻开第五版的《现代汉语词典》时，只有搞定（dìng），没有搞掂（diàn）。搞定其实就是搞掂，只因搞掂在传入其他地区时，"掂"字被误写误读成了"定"字，时间一长，假的就变成了真的。因为搞定的使用率高过了搞掂，词典编辑者就没有采用正宗的粤语说法了。搞定，就这样搞定了搞掂。

职场上流传着一个"把信送给加西亚"的故事。没有人确切地知道加西亚身在古巴那广阔山脉的具体哪一个地点，但是，美国总统必须把一封信交到他手上。有人告诉总统："如果有人能找到加西亚的话，那么，这个人就是罗文。"罗文来了，并没有问"他在什么地方"，而是语气坚定地回答："搞掂！""搞掂"两字，原故事没有，这样稍改动一下，符合广州人的语言习惯。该词汇在广州人的工作氛围里，使用频率是很高的。做广州人的自豪之处，正是常说搞掂、常闻搞掂。改革开放 40 年能有今天的巨大成就，也是常思搞掂、常在搞掂。

不少人仍记得 20 世纪八九十年代屡屡创造经济奇迹的"广东四小虎"，南海县（今佛山市南海区）便是其中"一只"，而国家统计部门 20 世纪 90 年代开始进行百强县评比，南海县总是位列前十名。但又有多少人知道，作为鱼米之乡的南海县曾经很穷？

党的十一届三中全会召开那一年，梁广大在南海县当县委书记。刚刚经历了"十年浩劫"，鱼米之乡居然吃不饱饭，也没有多少鱼吃。十年里粮食亩产平均年增长 1.1 公斤，几乎等于没有增长。十年里人均分配则每年只增加 1 元多，老百姓怎么活啊？他心里一直不是滋味。终于结束了"以阶级斗争为纲"，转为以经济建设为中心了，路在哪里？没有人会告诉他。但他知道，以经济建设为中心大得民心，所以一分钟都不能等。这时候的他，满脑子就两个字：搞掂。

搞掂靠什么？靠解放思想，靠大胆承担责任。梁广大先在县委、县政府班子里统一了认识，一方面抓粮食生产，另一方面大搞多种经营，大办工副业。为此县里在社会上广招人才，有人因此说是"起用牛鬼蛇神"。县里落实干部政策，大量平反历史上的冤假错案，让解放了的"地富反坏右"在致富中发挥作用。另外要搞活经济，一定要搞好市场供销渠道，召开全县供销采购人员会议，有人戏称是"召开投机倒把大会"。当年被批斗被审查乃至被判了刑的"投机倒把分子"，现在一个个被请了回来，让他们在供销采购工作中发挥特长，并在年底开会总结和表彰。再就是"四个轮子一起转"，让县、公社、大队、生产队都来办企业，各显神通。

有人见状，还真替梁广大捏了一把汗。"梁胆大"的绰号，在当地干部和老百姓中间先悄悄地叫开了。接下来发生的事情，更热闹。1979 年，快要过春节了，他领着机关干部，抬着 6 头烧猪、10 坛九江双蒸，带着 100 万响的鞭炮以及焰火，敲锣打鼓，到年人均收入超 400 元的大队生产队"祝富贺富"。他一边饮酒，一边表示：富有功，富光荣，穷不是我们的目的，富才是我们的共同愿望。那天晚上，焰火映红了南海的半边天，多少人红着眼睛暗暗下着决心，要让贺富的鞭炮尽快响到自己家门口！

1979 年的南海县，已经成为全省经济收入和分配水平最高的一个县。年人均分配从 100 元左右，跃升到可喜的 220 元。按当时的物价水准，这个人均分配的金额是非常令人羡慕的了。次年年初，《人民日报》在头版头条醒目地报道了南海的致富经验。令梁广大深深感动的是，时任中共中央总书记胡耀邦也注意到了南海。1981 年 6 月 30 日，总书记在读到党外人士胡厥文先生的一份考察报告后，奋笔写道："从生产发展速度和总产值来看，现在全国有两个典型。一个是城市，即常州市；一个是农村，即广东南海县。""南海县是 80 万人口，现在生产总值是 10 亿元，每人达 1200 元。""我国农村人口现在是 8 个亿，如果 10 年之后，同样只要达到南海的 1/3……即将近达到小康之家的社会了。"

"祝富贺富"持续了 3 年。1982 年 5 月，梁广大被调到佛山地委。1983 年 8 月，省里决定派他到珠海工作。珠海为官 16 年，他依然以"胆大"、能搞掂著称。

资讯

【释义】信息。

【例句】占有了～，就占有了发展先机。

资讯就是信息。不过，资讯姓"资"。"粤方言北上"，不必避讳的一个事实是，港台词汇往往是先通过广州这个特别通道，经广州人的试用和消化之后，才向全国辐射的。"资讯"一词源出台湾，然后为香港人先用，再进入广州的语境。

　　"姓社"还是"姓资"的争论，一直极大地困扰着改革开放后的中国。"姓资"的资讯，也深陷其中。由"鱼骨天线"带来的香港电视资讯，就因为"姓资"，在好长一段时间里让广东人又爱又怕。"姓什么"，这事折磨人。直到1992年，邓小平在南方谈话中一句"不争论"，这才扫清了意识形态上阻碍发展的最大障碍。

　　遥想20世纪80年代初，广东沿海地区不少家庭开始有了黑白电视。有了电视机却没有好看的电视节目，这太不过瘾了。好在有了"鱼骨天线"。不知谁是第一个发明者，用带有放大器的鱼骨状天线，架在竹竿上后伸向香港方向，就看到了五光十色的香港电视节目。无论是综艺节目《欢乐今宵》的轻歌曼舞，还是电视连续剧里的江湖争斗，就连插播的广告也让人耳目一新。家家户户一时间竞相效仿，整个珠江三角洲高高矮矮的屋顶上都发豆芽般长出了密密麻麻的"鱼骨天线"。

　　很快，有报章觉得不妥，认为香港电视是"心灵的癌症"，主张把"鱼骨天线"拿掉。后来，舆论形成举国的猛攻之势。迫于压力，省里不得不紧急采取措施，严禁收看香港电视，各地甚至动用消防车，逐村逐户对"鱼骨天线"进行强拆。大功率的干扰电台还时而会放出强烈的干扰信号，使有香港资讯的频道飘满"雪花"。经过拆拆装装的反复折腾，到1992年，香港电视相关频道的节目纳入了省市的有线电视网络，"鱼骨天线"由此退出了历史舞台。正是"不争论"，一锤定了音。

　　改革开放之初，黎子流任职顺德县（今佛山市顺德区）县委书记。他说，自己到1975年才第一次去北京，第一次去香港则是在1980年，看世界看得迟，但看了之后感觉就大不一样。那时不少人对与资本主义制度下的香港接触还心存疑虑，"谈港色变"，顺德人却开始敞开朝向香港的一扇窗，迈出了利用外资的第一步。收看香港电视，顺德也是第一个打破禁区。尽管当时社会上都认为这是宣传资本主义制度的东西，但黎子流认为通过香港电视节目了解市场经济、法治管理、科技信息、文化动态等，对顺德发展大有益处。

就收看香港电视的问题，顺德县的党委班子开了3个小时的专题讨论会议，并取得了共识，按照当时省委确定的"排污不排外"原则，通过了在顺德范围内"有所借鉴，有所抵制"地收看香港电视的决议。国家后来实行"一国两制"，顺德却先试行"一机两睇"。此举既迅速打破了顺德人的思维障碍，更让海外乡亲对顺德情有独钟，放心地回家乡投资。

黎子流觉得，光看香港电视还不行，还得实地感受才能真正转变观念，于是第一个组织乡镇干部"香港游"，而后又鼓励农民到香港访亲探友。他对乡亲们说，你们去了，就都给家乡带些东西回来。结果，有人带回了彩电，有人带回了产品技术和合作项目，更有人带回了全新的观念。来来往往间，市场经济的先进经验就融遍了顺德。这为顺德后来的优化产业结构，实现工业化、城市化、信息化的新飞跃奠定了基础，抢占了先机。

顺德从传统的农业县发展为现代新兴的工业地区，然后持续四年居国家统计局公布的全国县域经济百强之首，城乡居民生活水平不断提升，资讯的力量真是说多大就有多大。

T恤

【释义】一种短袖套头上衣，因略呈T形而得名。

【例句】我穿一件红色～，很好认！

过去笔下出现"T恤"字眼，肯定会被编辑删改、被老师扣分。现在不会了，新版《现代汉语词典》把它收录进来了。词语结构不中不西，原来大家都觉得不妥，但听多了、看多了，也就习惯成自然了，以至于为权威的汉语言工具书所默许。

"粤方言北上"，T恤确实有趣。"T"疑似英文不是英文，实际上就是个象形文字，为所述物件的形状标示；"恤"疑是中文却偏是英文，乃"shirt"的粤语读音。就这样怪怪的一个字词组合，从广东起步，40年来居然"北上"成功，无疑是因为依托着一个有形的传播基础。

实物T恤大举"北上"，起点原来在广州。20世纪八九十年代，全国上下，无人不识高第街和西湖路。"不到高第街，广州算白来"，"不逛西湖路，不算到广州"，吸引力来自这里的时装。作为中国最早崛起的成衣批发市场，广州的这两条街搅动了整个国家的时装潮流。一件件、一包包，T恤作为最早的时装代表作，就这样随着南来北往的人流走向全国。

高第街的时装经营比西湖路要早一些。改革开放之初，大量回城的广州知青找不到单位，做点小买卖成为不至于饿肚子的一种选择。考虑到满街摆摊不是太好，政府便出头给他们发放正式的经营执照，划定统一的场所以统一管理。到1980年10月，"高第街工业品市场"借窄窄的巷子开张了。当时全社会还处于物质匮乏时期，高第街里五花八门的小商品一下子吸引了所有人的目光。

没有高第街之前，外地人认为"没有到过南方大厦，不算到了广州"，现在不同了，高第街俨然成了"小南方大厦"，而且能买到南方大厦里见也见不到的东西。出差者、旅游者以及商户若到广州来，都知道往高第街跑，主要是因为这里款式新颖的服装太有诱惑力了。随着购买量的日益扩大，成衣批发成为主流经营项目就是水到渠成的事情了。

到 1984 年 5 月，又有西湖路灯光夜市的开张。白天去那里，什么也看不到，可一到傍晚，经营服装的个体户就从四面八方涌来，搭起棚架亮出灯光后迅速开业，蔚为大观。也许是应了广州人的夜生活习惯，夜市一开，人气就旺得不得了。与家人、朋友去那里逛，据说不走丢了是不可能的事，故此去之前得约好了到时在哪个档口等。南来北往的客人于是又多了一个好去处。

虽说广州 80 年代有一段时间电力供应非常紧张，甚至是"开三停四"（一周里三天供电四天停电），但由于担心西湖路灯光夜市一摸黑会影响广州人的好心情，故那里成了"供电特区"，怎么都要确保每晚把电送去，供电部门的抢修小组则随时待命。还有公安、消防、街道、工商、个协等也各司其职，做好那里的治安等方面的管理。

因为有西湖路灯光夜市，还带旺了周围的旅店、仓储、饮食等行业的生意。特别是饮食，广州人多有"吃宵夜"的习惯，故各式口味的饮食摊档围在周边燃起炉火，可满足口腹之欲的路边"大排档"成了灯光夜市的有趣外延。现仍一直红火的"惠福东路一条食街"，就是那时候的产物。

高第街和西湖路的服装，面向全国越卖越火，那里的摊商从最早的简单买进卖出，到各自设厂制衣，形成从成衣加工到时装设计的"生态链条"。服装订单铺天盖地，于是先带旺了就近的北京路禹山布匹市场，然后就是中大、海印的布匹市场开张。盆满钵满的成衣批发商，亦从最早的跑到香港去获取时装设计信息，到订阅世界各地的时装杂志、参加时装秀，去获取时装设计上的灵感，以博取成衣批发一波接一波的销售狂潮。

由此造成的，是影响全国时装潮流的源头地位，不到高第街和西湖路，不知改革开放后的中国人穿衣打扮又兴什么新款式。除了 T 恤，还有喇叭裤、牛仔裤、幸子衫等等，历年来的新品种层出不穷，都从这里走向全国，也悄悄地改变着人们穿衣打扮的生活态度。说来有趣，诸如"喇叭裤能否吹响'四化'的号角""牛仔裤和 T 恤衫是不是'问题青年'的专利"等话题，都曾在全国范围内引起过大争论。

为还路于民、还文明环境于民，西湖路在 2001 年结束了其历史使命，像个江湖大侠一样悄无声息地隐退了。而高第街亦风光不再，影响全国时装潮流的江湖地位，早已旁移于东莞虎门等地的后起之秀。

广州这一街一路，一度是引领全国时尚的风向标，后来却功成身退，并且没有留下博物馆或别的什么文化形态以资怀念。虽如是，但愿人们在说起 T 恤这个流行词的时候，能知晓、能记得：它是怎么来的。

歌厅

【释义】营业性的供人演唱歌曲的场所。

【例句】记得我们第一次的相识，是在中国大酒店的~里。

新版《现代汉语词典》把这个粤语词收录进来，其纪念意义已大于实用意义。改革开放，南风窗开，让广州人最早察觉到社会已在产生变化的，是随空气飘来的邓丽君、刘文正们的好听的歌声。"小城故事多，充满喜和乐"（《小城故事》），"我从山中来，带着兰花草"（《兰花草》），这两句是最经典的了。那时谁家的亲戚从香港捎回了"小三洋"（录音机的一种）和录音带，谁家就会邀朋约友狂听一遍又一遍。后来，有些人还会炫耀似的把"小三洋"提到大街上，惹来好多人羡慕的眼光。

能在大街上"流动"与"行走"，才是人民群众所喜欢的，才有丰富旺盛的生命力。"流行音乐"的概念如果这样去理解，恐怕不会没有道理。光是"流动"与"行走"恐怕还不够，歌厅应运而生了。目前有记载的最早出现的歌厅，应是广州东方宾馆里的音乐茶座，其开设是出于"涉外服务的需要"。歌厅是流行音乐的大本营，里边所表演的，当然全是流行歌。据第一代流行歌手陈浩光回忆，最早他受友人相邀走进东方宾馆音乐茶座，是低着头匆匆而行，天冷时还竖起大衣领子。能在歌厅"炒更"赚外快，他当然满心高兴，但又担心一旦被人认出来，回单位不知会不会挨整。

悄悄地，又叫音乐茶座的歌厅在广州开了一间又一间，它的出现为广州人的夜生活带来了全新的理解和体验。晚饭后人们不再是除了听广播、看电视就是闲聊，人们意识到，晚饭后的闲暇可以在家门外度过，可以边享受茶点，边观看乐队、演员的现场歌舞表演。当然，最早进去消费的是先富起来的"烧鹅仔""发廊仔""裁缝仔"以及包工头，对于一般老百姓来说，则会以被回穗探亲的港澳亲戚带去音乐茶座消费为荣。

流行歌手最早在歌厅的表演，靠的是学唱港台流行歌曲。陈浩光那时在广东省音乐曲艺团当演员，闲暇时也弄回几盒录音带塞进"小三洋"听所谓流行歌唱法是怎么一回事，然后就模仿着唱几句，哎，感觉非常好！被邀"炒更"时，他热衷于模仿的香港歌星郑少秋的曲目，成了很受歌厅欢迎的保留节目。一唱再唱，他就成了"歌厅江湖"中大名鼎鼎的"广州郑少秋"了！像他这样唱"口水歌"——模仿港台歌星的唱法而成名的人物，还有不少。"广州邓丽君"刘欣如、"广州刘文正"吕念祖、"广州罗文"李华勇、"广州梅艳芳"汤莉、"广州苏芮"张燕妮等歌手，在音乐茶座里的名气都很大。

以模仿作为发音的源头，流行音乐慢慢就有了原创的需要，陈小奇、李海鹰、解承强、刘志文等一批本土词曲作者随之脱颖而出。流行音乐作为随改革开放政策而在歌厅率先产生并发展的新文化产物，广州在这方面一直走在中国内地各城市的前列。由陈浩光在歌厅唱响的中国内地第一首流行歌曲《星湖荡舟》，由广州本土词人蔡衍棻、本土作曲家吴国材于1979年谱写，比后来号称"中国第一首流行歌曲"《乡恋》的公开发表时间早了整整一年多。随着原创流行歌越来越多，到了1985年，中国内地第一个流行音乐大奖赛应运而生了。

1985年12月，名为"红棉杯羊城新歌新风新人大奖赛"的中国本土流行音乐首度大检阅，在广州迎宾馆举行。大赛还尝试实行商业操作，从英美烟草公司拉到了一笔赞助。经过持续十个晚上的紧张角逐，大赛评出了刘欣如、安李、陈浩光、董岱、吕念祖、王家兴、蔡其平、林梓楠、唐彪、邓剑辉等十人为首届"羊城十大歌星"。鼓励流行、鼓励原创，大赛发掘了一批至今仍为广州流行乐坛中坚的原创音乐人，由此催生了长达十年以上的广州流行音乐领军全国的繁荣局面。

20世纪80年代至90年代中期，广州简直就成了全国流行音乐的"圣地"、"制造厂"兼"黄埔军校"。《涛声依旧》《弯弯的月亮》《敦煌梦》《信天游》《一封家书》《爱情鸟》《大哥你好吗》等一大批响遍天南地北的音乐作品，都是先从广州唱红的。广州太平洋影音公司最早让流行音乐产业化，所生产的音乐盒带几乎成了畅销歌曲的代名词，所举办的"云雀奖"是那时音乐人的最高荣誉。

1987年，当时的广东电台创办了内地最早的歌曲排行榜——"健牌"歌曲大赛，这就是后来备受欢迎的《广东新歌榜》。到1989年，珠江经济台成立了《音乐冲击波》栏目，旨在以歌曲排行榜的形式推介本土原创粤语歌曲，《音乐冲击波》后来演变成《岭南新歌榜》。至此，《岭南新歌榜》和《广东新歌榜》成为广东乐坛屡创佳绩的主要推动力，并造就了廖百威、王建业、陈汝佳、李达成、杨钰莹、毛宁、林萍、林依轮等新一代全国知名歌手。

不应忘记歌厅，它是这一切的起步点。

生猛

【**释义**】鲜活的，充满活力的。

【**例句**】做人够~，找工不用愁。

这个被收进新版《现代汉语词典》的粤方言词语，语出"生猛海鲜"，形容的是海鲜类食物鲜活的样子。"生猛海鲜"是粤菜北上的成功一役，又是粤经济和文化的北上中，先从最容易攻破的地方入手之生猛（此处舍"生猛"似已找不到别的更恰当用词）案例。

张爱玲说，要征服男人的心，先要征服男人的胃。同理，粤派文化要征服国人的心，最好的方法也是从胃口开始的。现在北方人一说起吃粤菜，首先反应的就是"生猛海鲜"四个字。由此可证，"生猛海鲜"已尽表粤菜风味之精华。"生猛海鲜"，其实就是在酒楼餐馆的海鲜池或缸中，放养着活蹦乱跳的海鲜，顾客现场选取，称足分量后，交厨师烹制。讲究选材的鲜活，本为粤菜的一大特色，这一做法可谓百试不爽，顺便就带旺了"生猛"这个词。

推而论之，大凡鲜活的、充满活力的人和事，都是生猛的。广东改革开放40年，若然没有广东人生猛的进取心态，就不会有今天在文化、经济、社会生活等方方面面的生猛情态。广东省新闻出版业的40年发展，兴许就是个生猛例子。

媒体的传播和接收，就像"生猛海鲜"一样，讲究的是新鲜和活力。广东的报刊界，一直有着令全国同行佩服的生猛氛围。你看南方报业、羊城晚报、广州日报、深圳特区报、佛山传媒等媒体集团旗下的众多子报子刊，个个都生龙活虎，《南方周末》《21世纪经济导报》《南方都市报》《新快报》《信息时报》《美食导报》《南风窗》《南方人物周刊》等等，哪个的办报（刊）风格不是生猛得很，哪个不是长期拥有自己大量的、稳固并不断更新着的粉丝队伍？

有这么生猛的新闻工作者队伍和氛围，中国所创建的第一家报业集团出现在广东，是有道理的。创建于1996年的广州日报报业集团，就是这个"第一"。据第二届中国传媒创新年会上的资料显示，到2006年底，广州日报报业集团的总营业收入突破30亿元大关，达到31.63亿元；其中，《广州日报》单报的广告收入（含地方版、特刊和夹报广告）达到18.03亿元，连续13年在全国平面媒体中保持广告总量第一的位置。这家报业集团，确实无愧于中国"第一家"称号。

从挂上报业集团牌子那天开始，广州日报报业集团的当家人就反复向部下传递一个观点：要"让读者追逐我们的报纸"！具体怎么干？进入1996年夏季，读者惊喜地发现《广州日报》竟多了一个彩色"头版"，上书"珠江三角洲新闻"。是年秋天，又逢一年一度的报刊征订旺季，集团全体员工没有了周末周日的休息概念，因为要展开一项史无前例的"洗楼"大行动。好东西也要靠吆喝，那段时间，从广州到珠三角各城镇，人们家里突然就会迎来一些个微笑着的不速之客，"你好，我是《广州日报》的，没看过？不要紧，经济发达的珠三角终于有了第一份传递自身信息的媒介，你可以先瞧瞧报纸，回头我们再联系。"珠三角这一块资讯富矿，就这样被不拘一格的《广州日报》抢先一步占有了偌大的市场份额。

到香港回归祖国的那一天，《广州日报》祭出了97个版的"厚报"一招，而且是上午、中午、下午滚动发行，面对广州街头2000多个报摊熙熙攘攘的购报"人龙"，公安干警都不得不紧急出动以维持当天的"买报秩序"。在报社，一位编辑惊闻有亲戚失踪的消息，赶紧拨"110"电话报警吧，不曾想，深夜11点多亲戚回家来了，一问缘故，说是"排队买《广州日报》去了"！"报纸越来越厚"，是那时读者对《广州日报》挂了集团牌子后的最有印象的评价。"厚报"最厚时，有进入2000年的200版新千年特刊及那年国庆212版的纪录。

"厚报"的背后，是中国第一家报业集团"追求最出色的新闻"的自我期许，是广告商都愿意追捧其密集覆盖珠三角区域的经营实情。"厚报"的背后，还有其当时领先于同行的新招迭出：从率先自办发行并建立与之配套的征订网络和送报队伍，到率先建立全亚洲印力最强的印务中心，率先在新闻队伍中推出"打分制"等人才激励机制……用其当家人那时的话说："社会主义条件下的党报也是企业，那么就要研究其商品属性，按商品的固有规律办事，使之为市场所接受。若报纸办得脱离了群众，那是对党对社会主义的最大不负责任。"1999年，广州日报社已经成为全市排行第三位的纳税大户，这已足够说明问题了。

说起来这是颇有意思的一种世界性媒体现象，在发达国家，最具影响力的报纸往往都属于区域性报纸，比如美国的《纽约时报》，又比如英国的《泰晤士报》。生猛异常的广东纸媒，一直都在锐意创新，如今又顺利接驳新媒体，前程无可限量。

入围

【释义】经选拔进入某一范围。

【例句】中华小姐环球大赛的12位~佳丽将参加11月在香港举行的总决赛。

"入围"入围新版《现代汉语词典》，可喜可贺！在广州人的语境里，"入围"的使用由来已久。人逢喜事要摆酒，那酒宴是按"围"计算的，所谓"大三元，四围酒"，说的就是在大三元酒家摆上四桌酒席（有人故意用谐音诈人"四围走"，那只是朋友间的开开玩笑）。摆酒时，"围"数越多，排场越大。接到请帖被邀请"入围"者，自是脸上有光。

现在说入围，则往往与选拔、评选的结果有关了。这也是改革开放领风气之先的产物，那时广州刚打开国门看世界，见文化娱乐有各种各样的赛事，于是就解放思想、大胆尝试。有大赛，自然就有人入围，这话说着说着，也就影响全国了。凡事总有一个循序渐进、螺旋式发展的过程。现在大家都习以为常的"选美"，当初的主办方可是躲躲闪闪，不敢正视美的本质。早在1985年初，中国大陆就有了最早的"选美"，那是由共青团广州市委所主办的"首届羊城青春美大赛"，大赛的目的，据悉是配合"两个文明建设"和"五讲四美三热爱"。

据记载，预赛于某晚在一所小学里举行，学校门口的红色横幅上写着"美在你身上"。400多名报名参赛的俊男靓女首先进行笔试，题目包括时事政治、语文、数学、物理、化学、地理等科目的知识，有点类似于高考。但有些题目可能连高考也不会碰到，如《蓝色多瑙河》的作者叫什么名字、是哪国的。预赛入围的有130多人，随后进行以考官面试为内容的初赛，面试搞得像马拉松，从上午10点一直进行到晚上10点。

然而，当"首届羊城青春美大赛"的消息见诸媒体之后，马上引起了各界的纷纷议论。有些人表示不解："'青春美'？不就等同于香港的选美？""选出来做什么呀？是要嫁给谁吧？""当初林彪的儿子林立果不也搞选美吗？"……事情据说还捅到中央去了。经主办单位的努力，大赛总算得以继续进行，但宣传上就受到了限制，活动于是蒙上了神秘色彩。后来在中国大酒店丽晶殿的决赛，决出了"青春美"入围者。因为宣传上的低调，入围者后来的情况都不知其详。至于大赛，"首届"也是最后的一届。

真正大张旗鼓的选美大赛，是广州电视台于1988年举办的首届"美在花城广告模特大赛"，至今已成功举办了15届。遥想当年，广州电视台在向上级呈送有关报告时，亦灵活机动地作了如下表述："我台大赛与习惯意义上的'选美'完全是两回事。我们是为了发掘人才，提高广告电视制作水平。因此参赛对象有男有女，这就不同于那种只有'女子单打'的习惯意义上的选美；而'广告小品表演'更是全世界任何选美也没有的……"名正了，言就顺，事情接下来才好办。6000 多名青年男女报名参加了"美在花城"的角逐，几轮赛事下来，最终产生曹众、西华等 15 人的入围名单。

1988 年 5 月 28 日晚，"美在花城"总决赛在广州体育馆举行。那晚的门票成了紧俏品，谁又不想一睹实际上已经开禁的选美真面目啊！夺标大热门曹众当天恰逢生日，万万没有料到的"生日礼物"，竟是所在单位"不准参加"的突然规定！有人含泪退出，有人欢笑登场。最后，王旭、西华、陈玲分别成为捧得"广告模特小姐"冠、亚、季军奖杯的入围者，"广告模特先生"冠亚军入围者则分别是周彤和高海飚。时年 24 岁的王旭毕业于广州外国语学院，当时在白天鹅宾馆任职，其父母都是部队文工团的，所以自小能歌善舞。白天鹅宾馆经常性的涉外接待工作使她在仪态、谈吐等方面获益匪浅，成就了"美在花城"的首个代表性人物。翌日晚，34 频道的广州电视台因为播放"美在花城"决赛录像，遂成收视大热。

今天的好多选美赛事，已不必忌讳"女子单打"了。而各种各样的文化娱乐赛事亦如百花争妍，让人目不暇接，从而使得"入围"一词有机会被频繁使用。入围啊入围，欲说当年好困惑！

埋单

【释义】泛指结账。传入北方地区后却多说买单。

【例句】这一顿饭不是说好了由我～的吗？

由于不解原义，也由于音误，这个流行词，会说者，不一定会写，好些人仍把它写成"买单"。会说、会写者，也不一定会用，又有多少人会在结账时把账单埋藏在茶杯底下？

先消费再付款还是先付款再消费，这个问题是埋单的首要问题。把账单埋藏在茶杯底下的这一动作，源自旧时广州人上茶楼饮早茶结账的老习惯。中国地大物博，文化差异在所难免。埋单是结账，结账却不等于埋单——这就是不同地域的人在文化属性上的一种差异。当做买卖者习惯于大家先结了账再去消费时，潜意识中已在防范个别消费者的赖账了。至于埋单——目前普遍存活于广东餐饮业的这一结账方式讲究以诚待人，有谁吃了东西不给钱那首先输掉的就是人格。都说广东民风淳朴，从埋单多少年的盛行可窥一斑。

或曰：埋单既有推动商业社会诚信之风的奇妙功效，就不能推而广之，在各种商业场合里大行其道吗？答曰：难。第5版《现代汉语词典》收入埋单词条时，却又让买单一说与之并存，已是对性质不同的两种结账之全盘接纳。是啊，当诚信已成为现代人交往中的稀缺品，当"左手都不敢相信右手了"，有时候还是先让顾客先付钱"买"了"单"，才显可靠一点。

说到人们日常生活中最大宗的埋单（或叫买单），就是购房置业了。因为款项数目巨大，真能够一次性付清房款的人并不是太多，付首期后再慢慢供房（也就是按揭方式）基本就是绝大多数置业者的别无选择的选择了。先入住再付款，从结账性质来说属于埋单而不是买单。问题是，有一部分置业者入住后发现，开发商售房时的承诺并没有兑现，于是，或大或小的维权事件随之发生。埋单行为显然也在拷问收账者：你为埋单者做了些什么？

听到一个抡锤子的江湖传说，更相信只有买卖双方都对

"埋单"二字负起责任,埋单行为才不至于蒙垢。抡锤子者,是开发商黄文仔。却说有一回,他循例又去检查楼盘,发现一处已装好的巨型落地玻璃对接位出现了缝隙,于是返回座驾,打开车后盖,拿出一把锤子。让员工惊讶的事情发生了,只听"砰"的一声巨响,他把那不合格的落地玻璃给砸了!

有些房地产开发商做两下子就自家成了老赖,买卖合同一签,再不管购房者的死活,这一般不是爱饮早茶的粤商所为。再说黄文仔,人们都知道,他的车尾箱里爱藏几件"兵器":工地鞋、尺子、手电筒和锤子。老习惯了,每看旗下一个新开发的楼盘,他都要用尺子左量右量,看不清楚时就打开手电筒。撒手锏就是那把著名的锤子了,质量上有对不住置业者的,砸了再说。

这个名叫黄文仔的宏宇集团掌门人,已做出了一个讲品质、讲信誉的名叫星河湾的房地产品牌,用那句著名广告语来说,叫做"一个心情盛开的地方"。品质,是营商信誉中的一种责任,也是城市责任和社会责任。先是广州星河湾,然后是北京星河湾,像一些追求品质的粤商一样,黄文仔已把星河湾的品牌在北京打响。"广货北上",除了"珠江水""广东粮",为什么就不可以是高质素的房地产开发呢?从星河湾这个个案去看,埋单比买单好理解。用经济方式和品牌信誉为"文化北上"来埋单,广州人黄文仔的手法够实在。

炒更

【释义】 利用业余时间从事本职工作以外的工作,多赚取时间的价值。

【例句】 若不是靠~,我现在供楼真有点顶不顺。

因为炒更，更多的广州人过上了好日子。因为炒更，现代汉语词汇大家族又添新丁。

"更"，是古代中国人创造的夜晚计时单位，一"更"约等于现在的两小时，其计时到五更为止。广州人说有"更"可"炒"，是在国家改革开放以后，"炒"时间的过程也就是赚取时间价值的过程。那时候，一周要上六天班，除了春节也没有别的长假期。大多数人的专职工作都安排在白天，故炒更者一般只能把握好晚上的时间。较外省人而言，广州人很早就对物价波动具备了较大的承受力。这不奇怪，广州人已学会了用"炒更"来应付自己日益增多的开支。

如果是在香港，人们又把炒更称为"秘鲁（捞）"。粤语中"鲁"与"捞"同音，加封这个"外国籍"无非是寓意"秘（密）捞（外快）"。广州人不曾沿用该说法，大概是觉得炒更更贴切地说明了"秘捞"的实质吧。而且，炒更并不是什么见不得人的事。20世纪80年代，由于有了个体户、包工头等先富起来的一些人，人们收入上的脑体倒挂随之出现，所谓"拿手术刀的不如拿剃头刀的""造原子弹的不如卖茶叶蛋的"，是当时境况的真实写照。

如果说，老百姓不能在改革开放中得到实惠，那么光对他们讲GDP如何翻番又有什么用？炒更最早并不在被禁止之列（后来国家才出台了公职人员禁止炒更的有关规定），不反对也不提倡，这就表示可以去做，就像见了红灯可以绕道走一样。通过业余时间的兼职，不少人都充分发挥个人的一技之长，尽最大努力去提高个人收入。教师们工资普遍不高，当时利用晚上的时间，通过在夜校的兼职，一下子就过上了宽松的日子。"星期六工程师"的出现，更是广州人为提高自己收入而呈现的一道风景线。那时一接近周末，广州各高等院校、科研机构门前，就会陆续开来大"面包"、小"丰田"，只为了把人接到珠三角的乡镇企业，"借脑袋发财"！

有意思的是，随着CPI（全国居民消费总水平）的不断攀高，全国人民渐渐都觉得广州人炒更的处世方式不错。于是，炒更一词随其行为北上，终于修成正果——进入新版《现代汉语词典》的规范用词范畴。当然，炒更现在也不一定要选择晚上，与二三十年前不同，上班一族白天里可供自由支配的时间已经增多。除了单位在特殊情况下所安排的加班，一周七天中就有两天休息，从1999年开始一年还有了三个"黄金周"（2008年则改为春节、国庆两个"黄金周"和若干个"小黄金周"），加上一些法定节日，从中又可以赚取多少时间的价值啊！

是的，与其为"假日经济"什么的屡做贡献，倒不如在加长版的炒更中实实在在"炒"出真价值。

义工

【释义】就是志愿者。不为报酬而主动承担社会责任的人。

【例句】我的愿望，是在2010年的广州亚运会上当一回～。

义工是国际社会的产物，从1985年开始，第40届联合国大会确定每年的12月5日为"国际义工日"。虽说它最早是随对外开放跨境而来，但爱做义工的人有些却不习惯叫义工，而偏爱于志愿者的称呼。义工、志愿者，两种称谓并存，也算是一种中国特色。

因为丛飞，因为中央电视台"2005年感动中国的十大人物"评选，该词语从广东走向全国，让大家都记住了有一种社会角色叫义工。"我叫丛飞，义工号码2478，我是深圳的一名普通文艺工作者，也是一名普通义工。能对社会有所贡献，能对他人有所帮助，我感到很快乐。"这是丛飞重复了千百遍的"出场白"，无论走到哪里，无论站在哪个舞台上。这，也是他的谢幕词。

2006年4月20日晚8时，丛飞病逝，时年37岁。从这一刻开始，全国各网站论坛数以十万百万计的网民向"一个高尚而完美的灵魂"表达悼念和敬意……"我们怎么也接受不了那个表情生动、永远散发着灿烂微笑的人就这样离我们而去，他是我们城市中的一员，就像我们最爱的亲人那样。"这位网友在网上的留言，凝聚了人们的共同心声。

作为新广东人，丛飞在广东长达8年的时间里，为助残、助学、赈灾义演达300多场，义工服务达3600小时，资助178个贫困孩子，捐献钱财超过300万元，而自己却始终过着清贫的生活，在重病之时，竟拿不出5000元的住院费。在生命弥留之际，他留下遗嘱，捐出家中唯一值钱的二手钢琴，捐出自己的眼角膜……他身体力行，实践和传播着中华民族的传统美德，是践行社会主义荣辱观的杰出典范。

"我不能成就整个世界，却可以尽我所能成就一些孩子。"这是丛飞做义工的一句名言。"只要你快乐，只要你幸福，只要你圆上好梦，我就不辛苦。只要你开心，只要你如意，只要你回头一笑，我就很知足。"这是丛飞自作的歌词。他这样说，这样唱，这样向需要他的人们播撒真挚的爱。

一个义工丛飞走了，千千万万个义工站了出来。哪里有需要帮助的人，哪里就有义工。2008年，从大雪灾到大地震，总有无数个义工出现在最危难的关头、最需要的地方。在广东各地，义工已成为所在地区的一种为人楷模、学习榜样，像深圳的曾柳英、中山的胡汉伟、广州的赵广军……做义工，既贡献社会又丰富了生活经验，在促进个人成长与发展的同时也拓展着价值观。

赵广军做义工的时间已有 20 年，从事边缘青少年的帮扶和照顾老人的工作，成绩斐然。20 年的时间里，他以自身经历和经验帮助众多边缘少年走上正途，其中有上千个曾经受过他帮助的孩子还认他做大哥。另外，从 2004 年底开始，赵广军还向全社会公布了自己的手机号码，专门为有自杀倾向者开通了 24 小时"生命热线"，热线开通以来，赵广军和他的志愿者团队已帮助数以百计的有自杀倾向者重返新生。在他传奇般的故事后面，人们不禁要问：他到底图的是什么？

赵广军做过一个统计，数以百计打进"救助热线"的人中，60% 以上都是外来的打工仔打工妹。"广州是所有人的家，无论是外来媳妇，还是本地郎，都应该感受到广州这个大家庭的温暖。我还是那个想法：一个人的力量是有限的，但这个世界多一份爱就多一份美好。"

做义工，源于爱，尤其是源于对孕育自己的一方土地的爱。这就是赵广军对这个词语的以身诠释。

炒鱿鱼

【**释义**】比喻解雇。

【**例句**】"范跑跑"被～了，该！谁叫他自顾自逃生后，还发表那么不负责任的言论！

这个粤方言词语被新版《现代汉语词典》收录进去时，只选取了其比喻义："鱿鱼一炒就卷起来，像是卷铺盖，比喻解雇。"

炒鱿鱼本是一道可口的粤菜，那爽脆的口感全在于厨师娴熟的刀功连同下油镬爆炒时的"够镬气"（炽热的火候）。目睹烹调过程中鱿鱼片卷曲起来的一刹那，广州人也许就会触景生情：多像人在卷起铺盖离开工作单位时的情状！

旧时打工仔背井离乡在广州打工，雇主多是包食宿的，被解雇时就要收拾包袱、卷起铺盖离开，所以叫"执包袱"或"炒鱿鱼"。解放后，人们进了单位就像进了保险柜，一辈子衣食无忧了（参看本书"单位"条）。有感于计划经济下的冗员误事，用工制度不改革肯定是不行了，一个被尘封多年的词语，就这样在改革开放后又被搬了回来。

炒鱿鱼是社会转型期的必然产物。告别了"一杯茶一支烟，一张报纸看半天"，无论是民营还是国有，无论是企业还是事业，出工不出力已是很难被单位所容忍。哪怕是对被认为"最有保障"的公务员，国家也于2005年颁布《公务员法》，除规定了严明的行为规则、惩戒制度外，还规定了公务员要严格考核，而考核结果则与职务的升降、与涨工资发奖金以及辞退相挂钩。

在炒鱿鱼一说不曾流行之前，还有"辞退""解雇""除名""开除"等词语，在表述着同一个意思。可能是从中华传统文化的委婉、含蓄以及形象思维里找到感觉，源自粤语的炒鱿鱼才迅速为全国人民所接受。它好就好在拐弯抹角地把雇主对员工的态度说出来，似乎又不至于那么决绝。曾经流行的"富余人员"一说，也是基于做人不要那么决绝的考虑而产生的表达。

不知是炒鱿鱼说多了的缘故，还是转型期太多的炒鱿鱼现象，现在只说一个"炒"字，都会让人首先想到这个词语。当然，身处"鱿鱼"角色的企事业单位的员工，有时也会主动"炒老板鱿鱼"，自己先另谋高就而去。

当炒鱿鱼成了用人单位特别是民营企业不受节制任意对付劳动者的利器时，自 2008 年 1 月 1 日起施行的《中华人民共和国劳动合同法》，则从劳动合同的订立、履行和变更、解除和终止等多个方面保护了劳动者合法权益，成为劳动者维护自己权利的"护身符"。诸如一定劳动期限后须订立无固定期限劳动合同、不签合同者单位须付双倍工资、用人单位强迫劳动将被罚等条款的确立，只为改变劳动者在劳资关系中实际存在的弱势地位。不过，有些单位抢在这一合同法实施之前滥开"炒"戒，让一例例炒鱿鱼成了 2007 年底震荡全国的热点新闻，也是与此有关的客观事实。

真正下厨房做过这道粤菜的人知道，倘不察火候，一味顾炒，那过火的炒鱿鱼便弄成嚼烂布一般的口感了。同理，人们都不希望看到用人制度中的滥炒现象，不管处于哪种角色，还是不要过火为好。

写字楼

【释义】 办公楼，多指配备现代化设施的办公用楼。
【例句】 ~出租，价钱合理。

改革开放 40 年来的城市建筑发展，写字楼算得上是最为突出的一笔。

所谓现代商务、所谓"互联网＋"，对于都市白领来说，其实就是每天走进写字楼。有写字楼的有限实体，才有资金流、信息流的无限流动。写字楼属港版粤语，随对外开放而最早为广州人所频繁使用。本来，写字楼就是用于办公的大楼，或者说，就是由办公室组成的大楼。"粤方言北上"，这又是成功之一例。新版《现代汉语词典》把它收进来后，它就不属于不规范用语了。

有一种专家观点认为，楼高，才能凸显其作为城市地标的显要性。"停靠在八楼的 2 路汽车"，是刀郎在《2002 年的第一场雪》中所唱的一句，那"八楼"实际上是个地标——新疆乌鲁木齐市楼层曾经最高（8 层）的建筑物。说到广州的地标，早就不止"八楼"那么高了。20 世纪 20 年代，地标是楼高 50 米、12 层的南方大厦；到 30 年代，又让位于 15 层高的爱群大厦。到 60 年代时，27 层的广州宾馆一度被认为是高不可攀的了，不曾料想，70 年代又崛起 32 层的白云宾馆。随着经济社会的发展，广州的楼层仍是屡创新高。这些"高度"，那时候还不曾与写字楼扯上关系。

改革开放了，广州的盖楼速度真是一天一个样，屡创新高。1992 年 7 月在环市中路开业的广东国际大酒店，楼高 200 米、63 层，当时广州人可能没想到楼可以盖那么高，于是都亲切地称它为"63 层"，以至于常常忘了其本名。同在环市中路，1990 年崛起的有 34 层的广州世贸大厦。环市中路、环市东路和环市西路当年的取名，大概是沿用了历史上的建城思路，总想有个城墙什么的框住其地域，故"环市"二字，分明就是看不见的城墙地界标示，表明走过了这条马路就是"市郊"了。作为"四大酒店"之一的花园酒店（另三家是白天鹅宾馆、中国大酒店、东方宾馆）于 1985 年 8 月隆重开张时，也许没有人记得，环市中路该地段的名字曾经叫做青菜岗——曾经是小山坡上的一块菜地。进入 90 年代，还有广州世贸大厦、文化假日酒店等亮相于环市中路该地段，加上早在 70 年代中、后期就在该地开张的白云宾馆和广州友谊商店，那一带便有了个雅号叫"广州尖东"，以示与香港尖东一样，聚集着当时最多的商厦、酒店、写字楼。

写字楼的批量涌现，需要一个相应的高端区域以极尽铺陈，珠江新城应运而生了。珠江新城从规划那天起，就是高起点、高标准的。那是 20 世纪 90 年代初，广州提出建设现代化大都市的战略目标，中央商务区——"广州 CBD"就定在天河区的珠江新城规划和建设，经过从 1992 年到 2002 年的慢热式的开发，之后重新定位了该地块为集国际金融、贸易、商业、文娱、行政和居住等城市一级功能设施于一体，确立了它就是未来的新城市中心，是集中体现广州国际性城市形象的"窗口"。到了 2012 年，广州已拥有高度在 200 米以上的写字楼 44 座，它们基本上就集中于珠江新城，比如广州国际金融中心（高 432 米）、中信广场（高 391 米）、广晟国际大厦（高 360 米）、珠江城大厦（高 310 米）、广州财富中心（高 309 米，现更名为越秀金融大厦）、广州利通广场（高 302 米）、富力盈凯广场（高 285 米）等。

在珠江新城所规划建设的摩天楼群中，又以超高双子塔为众高楼所拱起的写字楼最高点。超高双子塔，由"东塔""西塔"构成，位处新中轴线两侧。2009 年 11 月竣工的广州国际金融中心，又称广州 IFC，便是其中的西塔，塔高 432 米，共 103 层，其设计理念为"通透水晶"。明明是高耸入云的写字楼，却以塔称之，表明的是城市建筑一心要占领时代制高点的态度。超高双子塔还在规划中的时候，上海已有当时号称"中国（大陆）第一高楼"的金茂大厦，高达 420 米。当然大家还知道，楼高 509 米的台北 101 大厦，已成为当地的城市地标。据说双子塔最早有 400 米高的设计方案，但因其"比中信还矮"马上遭到反对；也曾有 600 米以上的"全球第一高楼"设想，却没有敲定下来。最终，西塔以 420 米的高度面世，比中信的最高点高出了 41 米。

东塔比西塔迟动工，却是一塔更比一塔高。于 2014 年 10 月举行了封顶仪式的东塔，冠名为广州周大福金融中心。它，有 116 层，建筑总高度 530 米，已经把台北 101 的高度比了下去。超高双塔，"广州 CBD"的制高点，并且位处新中轴线两侧，加上广州塔，新三塔已成为城市新地标。2011 年评选羊城新八景，"塔耀新城"在公众投票中，以第一名胜出。大家把票投给它，应是对珠江新城进入新世纪后突飞猛进的建设成就给予的充分肯定，"塔耀新城"，说的不是一个孤立存在的"塔"，它在新城背景的衬托下才得以存在。

如今来到珠江新城，随便登临一座写字楼，极目四顾，城市发展新成就尽收眼底。于是，你会更爱这座城市、更爱这个国家。

湿湿碎

【**释义**】小事，细小，无足轻重。

【**例句**】不用答谢了，这件事~啦。

广州人爱说湿湿碎。实在不懂这词语的北方人，可从细小之义去解读，"小"中往往可以见大。

　　说说一个小地方的小事情吧。小地方名叫小榄镇，隶属于中山市，镇域面积 71 平方公里，是一个名副其实的小镇。也许缘于一个"小"字，小榄之名小得容易被人们忽视。正应了一个"小"字，作为中国五金制品产业基地，小榄人的五金产品多属"小器"：门锁、合页、脚轮、弹簧、指甲钳……"小器"一不留神却成就了大事业。固力、华锋、史丹利、威卡等以"小器"见长的五金企业，年产值都在亿元以上。小处着眼，以小做大，这几乎成了小镇五金制造业的一条发达秘笈。

　　小镇做指甲钳的一家企业干脆打出了"非常小器"的口号，这位"非常小器"的倡导者名叫梁伯强。说起来非常神奇，梁伯强的成功竟缘于时任国务院副总理朱镕基"没用过一个好的指甲钳子"的一段新闻！那一年，时任国务院副总理朱镕基在中南海会见出席全国轻工业集体企业第五届职工代表大会代表时感叹道："要盯住市场缺口找活路，比如指甲钳子，我没用过一个好的指甲钳子。我们生产的指甲钳子，剪了两天就剪不动指甲了，使大劲也剪不断。"以这小小指甲钳为例，朱镕基要求轻工企业努力提高产品的质量，开发新产品。

　　读到那段新闻的人不知有多少，好多人读了也就读了，为此久久萦绕于心的也许仅广东人梁伯强一个。是时的梁伯强正在反思，做五金制品都十几年了，何以人家能够成功而自己的企业一直做不大？总理的话使他内心产生了莫大震动，小小指甲钳能引起总理如此关注，这表明"小器"一点不小。他开始了漫长的市场调查过程。他先到广州生产指甲钳的老牌国营厂，对方说没货，企业已经停产了。他又飞到上海指甲钳厂，来得实在太巧了，法院正在贴封条，企业破产，只见到处结满了蛛网。总之，国有企业的情况都差不多。

梁伯强的目光继而转向了世界。他最终发现，韩国的指甲钳生产水平相当高，又定位于大众市场，不仅成为亚洲市场的霸主，更是控制了40%的国际市场。他决定到韩国偷师学艺。他想了个办法，先做韩国人的代理商，为别人批发销售指甲钳。真是一举两得，既建立了指甲钳的销售网络，又取得了韩国人的信任。学艺的时机到了，他硬说人家韩国货的质量不过关，产品老崩口。韩国人气坏了，死活不认。为了证明自己的产品质量过关，韩国人带他赴生产现场看工艺流程，嘻嘻，目的达到了。

好一个梁伯强，后来还把杭州张小泉、北京王麻子、广州555退休了的技术厂长都请到企业，一道进行材料和热处理工艺上的技术攻关。梁伯强原先以搞人造首饰、旅游纪念品一类见长，指甲钳的款式花样上正好玩玩新意思。圣雅伦品牌的指甲钳终于问世了，外观像工艺品而且又十分实用，国家轻工业局这大机关，也一下子被震动了。

1999年9月，中华人民共和国建国50周年成就展在北京展览馆举行，朱镕基总理兴致勃勃地来到展会上。见朱镕基总理冲广东省中山市的"非常小器"展摊走去时，一旁的国家轻工业局局长陈士能心里有数，他轻声告诉总理："现在有好的指甲钳了。"总理端详着指甲钳样品，点点头，说："这还像个样。"陈士能于是向中山人提议，送一套好的指甲钳子给总理吧。总理这时幽了一默："能不能多送一套？"

时至今日，知道"非常小器"、爱用"非常小器"的人，已经非常多了。湿湿碎能做大品牌，小玩意中可见高产出，小榄五金业的成功大多如此。广东经济的成功之道，亦常常如此。

湿湿碎是广州人的一种方法论，"粤方言北上"，这个词语后劲十足。不信且看不少文艺晚会的演出，北方人在模仿广州人的口吻时，往往脱口而出"沙沙碎啦"，要不就是发音发成"洒洒水啦"。"湿"，粤语中是入声读音，普通话要发好这个音不容易，这可能是影响其顺利"北上"的原因之一吧。

大哥大

【释义】手持式模拟移动电话的俗称。

【例句】我的～号码是……

"粤方言北上"，大哥大堪称最成功，亦最迅速。这个词语，出现时间不算太长，但很快就风靡大江南北，以至于成为一种显示身份的流行语。1993年，北京有一个"十大流行语评选"，大哥大位居该排行榜第四位。

据摩利臣钢琴公司董事长倪穗礼回忆，"左手大哥大，右手大狼狗，后边跟着三个娇滴滴（女秘书）"，是那时暴发户心态的典型写照。20世纪80年代中期，模拟移动电话刚出现时，人们都称之为大哥大，从字面上已尽显其持有人地位之显赫。那时候，手握大哥大，是非常了不起的一件事。有些人专找人多的地方打电话，眉飞色舞，唾沫四溅。

内地人之所以热说大哥大，广东是源头。而广东人搬出大哥大，则是在效仿香港人。大哥大，最早指的并不是模拟移动电话。在香港的一些警匪片中，只因黑社会中的头目级成员一般称为"大哥"，而最不可一世的那个，则被称为"大哥大"。由于这些"大哥大"都爱拿一部砖头模样的移动电话，到处耀武扬威，故此人们便把移动电话也叫大哥大了。又据香港《文汇报》的报道，移动电话当时是天价，有购买能力的人不多，偏偏人称"香港影坛大哥大"的洪金宝爱拿着移动电话在拍片现场走来走去，于是就"爱物及乌"或曰"爱乌及物"地将这"美称"给了移动电话了。

模拟移动电话最早进入中国内地，也是商界大哥大级的人物才用得起，所以就物随主贵，被形象地冠以"大哥大"的美名。说来有趣，那时的企业家们在接受媒体采访或做企业形象广告时，都千篇一律地摆个大哥大在桌面上，以示尊贵。个体户则不拘一格，随意把大哥大往后裤皮带上一插，开辆摩托车就出门了。说到底还是为了显摆。作为一部分人"先富起来"的极具象征意义的经济符号和时尚符号，大哥大确实具有醒目的炫耀效果。

20世纪80年中期广州第一批大哥大的拥有者中，就有当时东山区第一个私营企业工商营业执照持有者倪穗礼。他清楚地记得，自己的大哥大号码是"901220"。由日本引进的那批NEC模拟移动电话总共有20部，他的号码末两位数表明是最后的一部，作为试开通的个人用户又是第一部。说来好笑，当倪穗礼用大哥大通话的时候，往往会有人不解地盯着他，接着就悄悄议论起来："没有电话线怎么打电话？傻佬来的……"

时移世易，今天不懂移动电话的，或干脆就没有移动电话的，反而是极其稀罕了。只不过，那模拟通信方式已完全让位于数字通信，而大哥大的叫法亦基本上被手机所取代。今天的人反倒无法想象，若出门忘了带手机，这一天都不知该怎么办！同样令人无法想象的是，一个人若是连手机都没有，还怎么与这个社会打交道？

情况甚至是这样的：你认识一个人，若不知道其手机号码，那么基本上等于白认识了。看来，大哥大词语在今天的消亡，不等于其左右人们生活的至尊地位的消亡，就像一首流行歌中所唱的："谁能代替你地位?!"

超市

【释义】超级市场的简称，也叫自选商场。一种综合零售商店，商品开架摆放，让顾客自行选取货品，到出口处结算付款。

【例句】出门就是～，搬新家后生活方便多了。

如果没有超市，生活将会怎样？现在开门七件事，柴米油盐酱醋茶，似乎没有一样不和超市发生关系。城里人若是没有超市可去，大量的生活必需品都不知该往哪里去找。

40 年前可没有这个词。那时有粮油店、糖烟酒店、食杂店、山货店、百货店和肉菜市场等，以满足人们的"七件事"之需。谁又想到，终有一天，千条细流归大海，好多事情都收拢到一起来了。市场冠以"超级"，这就是时代的进步。"超级"的完整释义是超级方便，是顾客接受服务过程的超级开心。

原先，人们只是去了香港，或是看香港的电视连续剧，才知道购物是一种快乐选择，可以自己推着购物车来进行。如今，家乐福、吉之岛、百佳、万佳、宏城等多个品牌的连锁超市，一下子就占据了城市生活的各个角落。变化，似乎是在不经意之间完成。

中国内地的第一家超市，最早出现在广州友谊商店。开设于 1959 年的广州友谊商店，本来的主要功能是满足外国专家、外宾、使领馆人员所需副食品及高级日用品的需要，并不对内开放。广州人对它的最早购物记忆，是 20 世纪 70 年代末的事情：先在门外接应，等香港亲戚买了电视机等紧俏物品后，再张罗着搬回家。到了1980年，广州友谊商店在同行中率先向所有消费者开放营业，谁持有外汇券谁就可以自由进入，"认钱不认人"。

外汇券是改革开放之初的特殊金融产物，能买到人民币所不能买到的东西，而广州友谊商店就有大量这样的东西。眼看持外汇券的顾客越来越多，友谊商店决定改进服务方式，提高工作效率。在香港看到有先进的超市模式可用，于是就决定试试。1981年4月12日，是超市开张的日子，所有商品均陈列在供货架上敞开供应，消费者可以自由选择。

凡新鲜事，都有个从不适应到适应的过程。广州友谊商店超市第一天开业，现场相当混乱，哪怕是一包洗衣粉，也有选购者拆开看看。玻璃纸包装的饼干和糖果，外包装老是被人摸得不成模样。至于瓶装的商品，则老是被人打开来闻闻味道。装衬衣的胶袋，也被一个个拆开。一下子有这么多商品可供自由地选择，大家反而有些惘然，有些慌乱，购物习惯和购物心理都需要一个适应的过程。

弹指一挥间，现代城市生活，如今都已离不开超市，离不开超市的选择消费模式。当发现发达国家和地区都是一样的"超市生活"，于是明白，中国已经融入了世界。而超市这个萌芽、成长于40年间的超级流行词，无非是"地球村村民"日常生活中的一个超级剪影而已。

猛人

【释义】很厉害的人，有本事的人。

【例句】×××在监狱服刑期还拿了个博士结业证书，是个典型的新闻界~。

不管是企业排行还是体育盘点，这个源自粤方言的词语，近几年来被挂在嘴头的机会非常多。网络和书市皆流行的历史小说《明朝那些事儿》，在提及明朝开国皇帝朱元璋和他的一部分有能耐有成就的子孙，以及文臣武将中的精英分子，尽都以"猛人"相称。

知者虽多，但新版《现代汉语词典》并没有把它收纳进去。下一轮的入选，估计会在与"牛人"的PK中进行。因为，"牛人"的使用频率一直都非常高。或前缀一个"猛"，或前缀一个"牛"，"人"就升级了，就是不可小觑的厉害人物了。猛人牛人差不多，都是在某一行业或界别中最拔尖的人，都是值得学习、值得钦佩、值得羡慕的人。

猛人的"粤方言北上"，其实非自今日始，据考究，鲁迅曾在题为《包围新论》的文章中专门用过"猛人"一词。他写道，这些"猛人"，"身边便总有几个包围的人们，围得水泄不透"，结果，"是使该猛人逐渐变成昏庸，有近乎傀儡的趋势"。真相是，鲁迅实为"广州姑爷"，在许广平的影响下学了些粤方言，然后活用在文章中。

问当今世上，谁可算猛人？身为中国"杂交水稻之父"的袁隆平院士，关于自己"70岁的年龄，50岁的身体，30岁的心态，20岁的肌肉"的一番表白，称得上是"德智体全面发展"。当他亲手为妻子挑选了一部奔驰座驾时，多少人闻之都大声叫好啊——转换回广东人的感叹就两个字：猛人。诺贝尔物理学奖获得者杨振宁博士，当然也是一个猛人。除了专业上的杰出成就，他这十来年的一直成为热点话题的婚姻生活，亦可圈可点。

得说说广州猛人了。钟南山院士，肯定算一个。在 2003 年席卷中华大地的那场 SARS 疫情中，他冷静、无畏，以医者的妙手仁心挽救生命，以科学家实事求是的科学态度应对灾难。"在我们这个岗位上，做好防治疾病的工作，就是最大的政治。"他这掷地有声的话语，表现出他的人生准则和职业操守。他以令人景仰的学术勇气、高尚的医德和深入的科学探索给予了人们战胜疫情的力量。他实至名归地成为中央电视台"感动中国"2003 年度人物，成了"感动中国"中的第一个广东猛人。

平常生活中的钟南山，也猛。在一次讲座中，他用 PPT 公开了自己的一款"私家写真"。2005 年在广州星河湾健身房所拍的这张照片，是一个身材健硕的"肌肉男"。这位热爱体育运动的中国工程院院士，篮球、羽毛球、游泳、跑步、健身等，样样精通。没有谁能看得出来，他那时已年过七十。钟南山何以活得那么精彩？据他说，一个人最重要的要有执著的追求；其次是能干；第三是善干，要有凝聚力，善于调动同伴的积极性；第四是恒干，就是体力，他强调，大家一定要注意身体，这点非常重要，一个人的健康最重要，健康回不了头，没了健康什么都没了。

钟南山，这个名字代表着真正的男子汉，代表着科学精神，代表着勇者无惧，代表着快意人生。他曾提到，中学老师曾告诉自己："人不应该单纯生活在现实中，还应生活在理想中。"由这句朴实无华的话，可证猛人是怎么炼出来的。

猛人在未被公众加上"猛"之前缀时，也跟你我他一样。区别之处，也许就在于是否懂得自己生活中的理想，并为这个理想持之以恒、百折不挠，活出精彩。

有料

【释义】 有本事，有实质性内容。
【例句】 一出手，就知道是～之人。

学历不等于能力，文凭不表示水平。用粤方言的词语来说，"有料"才是本事。何谓"有料"？同样的电脑，内存不同、配置不同，使用起来当然大有差别。与电脑之有料一样，不同的人脑，因有料而受欢迎的程度，区别不可谓不大。

2008年全国两会公布新一届政府工作人员的简历，国家发改委主任张平的中专学历备受瞩目。在领导干部热逐文凭已成风气的今天，正如一些人的"权力文凭"并不代表其真实水平一样，张平的中专学历并不表示他就只有中专水平。有料，这就够了。

1990年当上广州市市长的顺德人黎子流，其初中二年级的学历也让不少人觉得不可思议。黎子流则用一句"得就得，唔得就返顺德"的大白话，表达了不行就不要赖在位子上并且主动辞官归故里的意思。事实同样证明，黎子流在广州市长任上的业绩证明了自己的能力，光一样，广州修地铁那是议了30多年一直议而不决的事，他敢于拍板、善于融资，在市长任上促成了地铁一号线的动工与通车。有料与学历之间的差异实在是太大了。

不过，就目前的用人制度而言，像张平、黎子流这样的例子还是比较罕见的。一个人工作中再有料都有可能是白费劲，如果其档案上不存在诸如行政级别、职称、学历之类记录的话。故此，我们的下一代还是得依循读名牌学校（从小学、中学到大学）的路径，统一在应试制度下的流水线上先拼个你死我活。下一代将来工作，如果是在体制内，仍得按照一定的晋升规矩与阶梯行事。

年龄也是个体制内"一刀切"的用人误区。一个人到了五六十岁的年龄，在专业岗位上本已积累了丰富的阅历和经验，却往往是被当今的用人制度所弃用的时候，除非其人已到了一定的行政级别以上。作为有料之人，若单位不能继续发挥其长处，那他要么就果断跳出体制而在体制外跳出新的高度，要么就只能等到退休后再去焕发"第二春"。

张月姣也是个有料之人。如果不是有料，就不会在来自各国的众多人选中脱颖而出，2008 年上任 WTO 大法官——世界贸易组织上诉机构成员。那一年她已年过六十了，好多人到了这个年龄就得"安享晚年"，有料之人则一辈子都在忙。

按现时人们流行的划分，张月姣是个新广东人。她目前仍任职汕头大学法学院教授，属于工作在广东。成为世界贸易组织上诉机构成员，这一角色新演变，只是翻开了她职业生涯的新一页。在中美知识产权谈判中，她曾作为时任国务院副总理吴仪的助手，面对美国贸易代表巴尔舍夫斯基和谈判代表莱尔，一次次据理力争。这一场长达 10 年的谈判，曾被《华尔街日报》称为"四个女人的谈判"。

张月姣曾担任国家外经贸部条约法律司司长、中国入关谈判法律总顾问、中美知识产权谈判代表、世界银行法律顾问、亚洲开发银行上诉委员会主席、亚洲开发银行欧洲局局长等多个职位。"专家型的官员，领导型的专家"，是业界对她恰如其分的评价。

人过六十，不少人正忙着退休，张月姣却正逢"当打年龄"。近30年的国际贸易法律的工作经验，10年在国际机构任职的丰富经历，使身为国际贸易法领域专业人士的她，受到国际法学界、贸易界的极大尊重。她是这样认为的，自己能取得现在的成就，很大一部分原因在于时刻都有一种责任感，觉得应该为祖国的发展尽一份力量，并且也是自己长期努力奋斗的结果。她本人就是一个做人非常努力的"版本"。

20世纪60年代，张月姣作为北京师大附中优秀毕业生，被选派到法国学习，由此打下了良好的法语基础。但她没有专门学过英语，80年代赴美国乔治登法学院和哥伦比亚大学法学院学习法律，其间要过 TOEFL 这一关。别人替她为难，但她认为世界上没有难事，只需一个字：学。为此她每天睡觉不到两个小时，考 TOEFL 时的成绩比学语言专业的人还要好。

张月姣说，自己一直有个宗旨就是：学习，用全部知识武装自己。坐在飞机上她也要学习，浪费一点时间都会觉得很可惜。在中美知识产权谈判的过程中，她写了100多万字的东西，令对方感到十分吃惊，说她精力太充沛了。在世界银行工作的日子里，一位美国同事还给了她"铁女人"的称号——因为她白天与之一道工作，晚上要读研究生，而且人家研究生读4门课，她读11门。

正因熟悉自己的优势所在，张月姣在担任中美知识产权谈判代表期间，把这种优势积极发挥出来，"和美国人应对，我更有优势。他们只能说英语，而我不仅能说英语，还能说中文和法语。"她利用自己国际化的教育背景和语言优势，在各种国际谈判中屡建奇功。

张月姣曾这样表白自己的做人态度："女人要做强人，但是不能盛气凌人，知识越多的人应该越没有架子；女人要有学历文凭，不能头脑空空没有水平；女人要有志气，不要有娇骄二气；女人要奋发成材，但不能在家里不会做菜；女人要扎扎实实干事，不要养尊处优无所事事。"一段话已经道尽有料之三昧，无论你是女人还是男人，也无论你是老年人还是中年人、青年人。

已经非常"有料"的《现代汉语词典》，以后不知能不能考虑收纳"有料"？

三来一补

【释义】来料加工、来样加工、来件装配和补偿贸易。
【例句】没有～，就没有我们这里兴旺的玩具产业。

"三来一补"，是广东在改革开放之初尝试性地创立的对外合作模式，曾经非常流行。它最早出现于 1978 年的东莞。

"口粮年年三十六，一年又一年，分配三毛钱。"20 世纪 70 年代末，该农谣仍在东莞樟木头流传。只有置身于这样一种特定的历史背景下，才好理解东莞人当时何以迈出"三来一补"的关键一步。作为当年中国农村的贫穷状态的缩影之一，东莞一旦获得发展机遇，就会以最大的耐心和毅力，以数倍的代价去获取微薄的原始积累。

一个东莞人回忆起自己首次到香港招商引资的经历，衣兜里真翻不出几元钱。充饥，就买最便宜的茶叶蛋和面包；出门，从来都是靠"11 路车"（走路）。时逢香港的劳动密集型企业正要寻求产业转移的空间，因着地缘相近，使东莞得以更快更多地担当起"前店后厂"中的"后厂"角色。

1978 年 8 月 30 日,"割资本主义尾巴"的标语还残留在东莞的大街小巷,港商投资的太平手袋厂在虎门地区成立了,这也是中国内地有史所载的第一家"三来一补"形式的企业。当时,太平手袋厂冒着风险实行计件工资,工人主动通宵达旦地加班。据当地人回忆,那时候很多人要走后门才能进厂。全国各地刚进工厂的学徒工头三年的月工资皆在 28 元以下,可是,进太平手袋厂后人们就能拿到 100 元。

由于内地廉价的劳动力和土地租金,顺应了当时国际制造业转移的形势。通过合作,外商只是在内地开设一个加工车间,方式灵活,负担轻,利润又丰厚。"三来一补"企业以东莞为开端,随后在珠三角地区盛极一时。

后发地区欲取得先发优势,往往在于善用劳动力成本的比较优势,在外资和市场资源中进行优化配置,完成资金和技术上的原始积累。由承接劳动密集型产业转移而形成的"三来一补"模式,使东莞发展迅速完成了农村工业化的"第一级跳",由此亦为进一步的发展奠定了坚实的资金基础和产业基础。没有这"第一级跳",也就不可能有后来的承接资金技术密集型产业的"第二级跳"。

产业集群的效应是巨大的,倘追根寻源,便是得到"三来一补"的产业早期进入所赐。东莞各显神通发展起来的"一镇一品"或"一镇数品",往往就脱胎于"三来一补"原先的产业铺垫。当年太平手袋厂所在的虎门镇,靠"三来一补"起家,40 年来已形成了以服装产业为龙头、以商贸流通业为主体、相关行业配套齐全的纺织服装生产、销售产业集群基地,成为闻名遐迩的"中国服装名城",且连年位居全国百强镇评比的前列。

东莞人完成产业的原始积累，其智慧就表现在：善于在困难中寻找发展空间，在被动中赢取主动，在发展中壮大自己。到20世纪90年代中期，东莞又成功地抓住新一轮世界产业转移的机会，承接了发达国家和地区的一批资金技术密集型产业，成功地把自己融入世界经济的产业链条中。

东莞是在1985年9月撤县建市的，从一个曾经名不见经传的农业县，发展成为如今盛名远扬的国际性加工制造业基地和中国重要的外贸出口基地，一切似乎都是在不经意间完成的。对东莞40年的快速发展来说，"三来一补"是一颗五味俱全的果子。东莞人勇敢地承接了"三来一补"，巧妙地利用了"三来一补"，创造性地发展了"三来一补"。

不过，以加工贸易为依托的"三来一补"经济形态，除具备较强的加工制造能力外，研发、流通能力明显不足，对国际环境依赖性过大，缺乏经济稳定性，而作为劳动密集型企业也会产生不注意环境质量的负面效应。转型是必然的，消失是肯定的。新版《现代汉语词典》没有收入这个一度很热的词，肯定是基于它现在的冷，基于它的渐行渐远。

若干年之后，当好些个曾经的流行词不再被我们提起的时候，但愿不要忘了这个功成身退的"三来一补"。

三资企业

【释义】依法在我国境内建立的中外合资经营企业、中外合作经营企业、外商独资经营企业的合称。

【例句】我们这个专业镇的形成，成因在于～。

没有改革开放，就没有这个词。广东是著名的侨乡，广东籍华侨华人和港澳同胞多达3000万，有着经济上对外开放的良好基础。引进外资、合作办企业，因改革开放而势在必行。一切都需要大胆尝试，首个进来的，有可能就是后人的样板了。

一段时间后，根据企业经营方式上的不同，就有了"三资企业"的说法。"三资企业"不属于粤方言，但作为实体示范意义上的北上，确实影响着内地。似乎可以这样说，若没有三资企业在广东等沿海地区的率先发展和示范效应，就没有经济体制上的改革突破。回想当年，不少地区、不少行业、不少人，都会情不自禁地回忆起三资企业第一次对自己的触动以及震动。

袁庚成为招商局第29代掌门人后所做的第一笔生意，敲定时间刚好是在星期五。招商局方面原想下班前交了支票，然后一起吃饭，外商却非要在下午两点之前签字不可。待双方签字交了钱，只见对方匆匆下楼直奔银行。周六、周日这两天银行是不开门的，如果不在星期五下午3点之前将支票递进银行，对方就要损失2000万元的3天存款利息。之前在招商局，支票在家过夜本是平常事。"时间就是金钱，效率就是生命"，袁庚后来在蛇口工业区响亮地打出这个口号，原来源自三资企业的启发。

广州酒家企业集团作为现拥有多间高级酒家、数十间食品商场和大型食品生产基地，多年来长盛不衰的国有企业，改革开放后所迈出的最关键的一步，是在"龙江会议"上制定的改革举措。据时任酒家经理温祁福回忆，一个香港亲戚当时给他寄了一封信，内有一纸剪报，说的是广州一间开张不久的合资酒家，日营业额达到3万元；对比之下，广州酒家这么大的名气也才2万多元。"人家赶上和超过我们了，形势逼人啊！"他在会议上把信念了一遍，"人家时兴吹冷风（空调），我们还在吹热风，能行吗？"所挑开的话题，在班子中引起了热烈的讨论，由此就有了在环境装修、加强管理、完善服务等方面的改革决策。

作为改革开放中的一个特定历史产物，现在还说这个词的人已不是太多。新版《现代汉语词典》把它收录进来，算是对影响历史的流行词表示一下敬意。三资企业，一般人现在都笼而统之地称为外资企业。我们国家的经济社会发展，从多少年来的公有制企业唱独角戏，到由改革开放而培育发展的外资企业、民营企业与国有企业的"三驾马车"的经济态势，外资这一块无疑仍会给我们上许多新课，包括在观念上的很多冲击。

比如说，2005 年在惠州大亚湾建立的中海壳牌南海石化项目。一方面，以石化产业为主导的产业群在这里快速集聚，使之成为珠三角东部的一个超大规模经济体和区域经济中心；另一方面，发展经济与环境保护结合、人与自然和谐共处的这个中外合作项目，其发展绝不以牺牲环境为代价。

大亚湾开发中的两个小故事，闻者皆好生感慨。

故事之一：中海壳牌平整土地时，施工人员在一片灌木丛中发现了一个鸟窝，里面还有几颗鸟蛋。找来专家一看，这是白鹭，属于国家二级保护动物。于是就得仔细研究，鸟蛋孵出小鸟需要多长时间？小鸟从出生后到自己能飞走又需多长时间？为此，施工人员宁愿牺牲工程进度，一心只等小鸟展翅。

故事之二：海上作业区域附近有两处珊瑚的密集生长区。中海壳牌方面为此请来了一个颇为特别的"搬家公司"——一支拥有海洋生物专家、蛙人等专业人士的队伍，专门给海底下400 平方米的珊瑚礁搬家。4000 余枚珊瑚，被移到 10 公里以外的鸡心岛和芒洲岛西海岸线，整个搬家花费 70 多万元。后来的监测表明，移植后的珊瑚存活率达到了 95%。

惠州大亚湾孕育的这个三资企业项目，有理由向世界展示一个科学发展的广东样本。

蒸发

【释义】不见了，失踪了。

【例句】作为中国大陆电视最早的综艺节目，《万紫千红》～了太可惜。

蒸发，标准的解释，应是液体表面缓慢地转化成气态，逸入大气中的过程。但它出现在广州人 40 年的流行词里，却不看过程只重结果，意思都一样。

回看 40 年，那些蒸发了的人和事，还会少吗？国有企业里锐意进取的第一代改革家，先富起来的第一代个体户和专业户，今天又有多少人能够逐一数起他们的名字？那些改革开放大小事件里一度轰轰烈烈的新闻主角，今天你又在哪里？"大江东去，浪淘尽，千古风流人物……"曾经风流，这就够了。

蒸发是一个客观存在，蒸发其实有好多说不清道不明的因素。但有些蒸发，还是会让人常常怀念。有一例仍成悬念的蒸发，至今提起，恐怕还会引起诸多猜测、议论和唏嘘。蒸发事件的主人公，名叫伊妮。

伊妮其实是个笔名。时光倒流到 20 世纪 60 年代，花县新华公社（今广州市花都区新华镇）有一个普普通通的乡下女孩，那时她还不叫伊妮。她家世代农民，她自己也有着一段养猪、积肥、割草的农家经历。有记者曾经问她，到底是因为什么，写作后要替自己起"伊妮"这样一个名字。她仔细想了想，说是从心底突然冒出这两个字，就决定下来了，总之，纯属一种感觉上的事情，解释不了。

伊妮这个名字后来名头很响。她所创作的《千秋家国梦》《阳光下的思考》《欲海与神恩》《冷酷的假面》《风化警察》《伊妮剧作集》等一大批作品，至今仍常常被人提起。《千秋家国梦》是一度成为全国文坛焦点的力作，书中讲述了发祥于广州西关许地（今高第街）的许氏大家族，在中国近代历史舞台所上演的一幕幕活剧，可谓惊心动魄。伊妮曾获得"广州市十大杰出青年""广州市十大中青年文艺工作者"等荣誉，出走前，她还担任广州市政协常委。

2000年1月20日下午，伊妮蒸发得非常突然。好端端地躺在医院的病床上，一刹那就什么都不见了。她身上没带多少钱，身份证也没带走。留给家人和单位的信上表述着这样一层意思：最近以来长期失眠，很痛苦，终于挨不下去，要去她应该去的地方，希望不要找她。她很爱家里的人，但她不是称职的妻子和母亲……

家人后来像大海捞针似的，把所有能想到的人和地方都找了个遍，但什么也找不着。2000年1月31日，《羊城晚报》对这一事件有过详尽报道，文章写道：

"与伊妮关系密切的人了解到，前几个月，伊妮病了一场，特别是在《拥抱美神——杨之光传》刚出版那几天，她突然失声，与人交流要靠手写。到医院检查时，医生没有发现什么病症，疑是更年期综合征。吃几天药不见效，她就要求出院，找老中医看病。吃了老中医的药后能讲话了，但后来病情还是不稳定。十多天前，伊妮的丈夫发现她有幻觉，伊妮也提出要到她哥哥家里住一段时间，几天后就住进了某医院心理康复区。该医院康复区对病人有三种看护办法：家人看护，完全封闭，自由出入。家人考虑到伊妮自尊心强，就给她办理了'自由出入'。没想到，这给了她出走的机会。"

就伊妮的人间蒸发，当时有一种猜测缘自她的名字：伊妮，谐音"一尼"——也许已到哪个庵堂，日日青灯古佛去了。只不过，她的蒸发比较彻底，没有带走红尘一件物事。一晃又十几年过去了，不知有谁知道她的最新情况？

打工

【释义】 与政府、机关、企业建立劳动关系后的生存状态。

【例句】 我会珍惜这个~机会。

自从有了人员流动，就有了"打工"一词。20世纪80年代，改革开放先行一步的珠江三角洲，吸引着大量外来务工青年，"百万移民下珠江（珠江三角洲）"。"打工仔""打工妹"的说法，随之最早在珠三角出现。

不少人爱把"打工"与"外来工"混为一谈，这是不对的。"打工"虽表述的是一种人员流动状态——哪里有创业机会、谋生条件，就有人群流向哪里，但归根到底，又印证着人与政府、机关或企业在建立劳动关系后的生存状态。"打工"，可以如同芸芸众生般成为"打工一族"，也可以晋升为"打工皇帝"。职业经理人角色，就是"打工皇帝"之一种。

有趣的是，在广东珠江三角洲，基层政府的干部最爱用

"打工"这个词了。虽说我们也常会接触到一些打工态度乏善可陈的公务员，但那不代表大多数。我们更愿意看到的，是有关打工的出色例子，比如林显荣的故事。故事发生在广州市劳动力市场服务中心特困办，一个专门面向下岗失业人员的窗口。

却说那天，有个小伙子刚进特困办就扯着嗓门连声发问："谁是林主任?!"特困办里只有一个面容和蔼的中年汉子。面对"目中无人"的访客，他轻轻答了声"我就是"。"听说林主任有办法让没活干的人吃上饭，我现在一家三口找不到米下锅了，再不解决我的就业问题，就马上跳楼给大家看……"

自任职于特困办以来，类似这样的情形其实已碰上不止一两回了。按林显荣的理解，人家相信共产党、相信政府，才会找上门来。自己身处一个专职为下岗失业人员排忧解难的窗口岗位上，能不尽心尽力去帮好忙吗？后来那个小伙子如愿在某企业当上司机，而这只是林显荣所帮助完成再就业的多名下岗失业人员中的一例。人们都想找"林主任帮忙"，可是，不知道他工作规律的人还真不容易找到他。因为，无论是刮风下雨还是烈日暴晒，他往往走在家访的路上。

林显荣认为，如果不扎扎实实地进行调查研究，掌握最直观的第一手材料，又怎么能够对症下药？他谈起其中的一次家访经历："那户女儿的学校组织春游，每人要交50元，父亲只能拿出10元给女儿。女儿却怎么都不愿意去，说着就哭了，'爸爸，我很想去啊，但你没有工作，我怎么能用这钱，这钱够三顿饭的菜钱呢！'结果，父女俩搂着哭成了一团。我鼻子酸酸的，知道再这样下去自己也会哭，马上把钱包里的钱都掏出来，有几百元吧，说'不收这钱就不要认我这个兄弟'！"

每天走啊走，林显荣走动的身影，已为广州各区多个特困下岗失业的街坊所熟悉。只是，街坊们总在纳闷，"不知林主任是哪个局的"。他为解决特困户的困难而来，要做的事往往超出了劳动部门的工作范畴，难免会引起"是民政局、工商局、公安局还是劳动局"的猜测。

林显荣很感激有个全力支持自己工作的妻子，分担了不少家务琐事，尤其是已到了视丈夫钱财如"无物"的境界。林显荣的手机简直就是一条特困救助热线，话费屡创新高。而长年累月、翻来覆去地走访，交通费的开支也不得了。更大笔的支出，是随手就给人排忧解难的多少不等的钞票。

林显荣的故事告诉我们的是：同样在打工，境界却有高下之分。更多的公务员全心全意"打好呢份工"，则是纳税人的福气，也是社会得以构建和谐的福气。

饮茶

【释义】到酒楼、茶楼喝茶、吃点心等。

【例句】得闲～。

追随着每天新太阳的升腾，广州人喜爱饮茶、爱说"饮茶"。第 6 版《现代汉语词典》收入此词条时，加贴"方（言）"标签并说明道："是粤港一带流行的生活方式。"

饮茶，俗称"一盅两件"，应属于广州人或曰整个广府民系的生活习俗标记，而且颇具独特性。君不见，广州人早上见面，经常会说的一句问候语是："饮咗茶未？"彼此之间倘要相约说个事，或表达个谢意，最爱说的也是："得闲饮茶！"

同说"饮茶"，同在广东，潮汕民系与广府民系所表达的意思完全不同。若潮汕人邀约"饮茶"，饮的会是"功夫茶"，其间种种"功夫"，尽是为了渲染一个"茶"字。偏偏广府民系之"饮茶"，存心让人忘却"茶"本身，喧宾夺主。广州人相邀要"饮"者，重点是"一盅两件"中的虾饺、拉肠、烧卖、粉果、凤爪、叉烧包、牛肉丸、蛋挞、煎饺、马拉糕、萝卜糕、春卷、咸水角、芋角、糯米鸡、裹蒸粽、蒸排骨、蒸猪肚、牛百叶等等统称为"点心"的食物，"两件"其实为多件。

一壶茶、一支烟、一份报纸、一桌点心、一班茶友，一起谈天论地，家事国事天下事，对于广州人的饮茶生活来说都是赏心乐事。清朝光绪年间，惠爱街、第十甫等商圈的繁荣，催生了茶楼业的黄金时代。光绪元年（1875）有惠如楼在惠爱街的挂牌，接着又有陶陶居、莲香楼，先后于光绪六年（1880）、光绪十五年（1889）在第十甫开张。有人爱上饮早茶，就有人愿意投资茶楼业。佛山七堡乡（现石湾地区）人在清光绪年成了投资茶楼业的主力军，先是金华、利南、其昌、祥珍等茶楼做得火红火绿，其后又有"如"字号系列茶楼，以茶点多样、水滚茶靓而形成口碑，时称"九条鱼（如）"。据老广州人回忆，这"九条鱼"分别是：惠如、三如、太如、多如、东如、南如、瑞如、福如、天如。这些"鱼"，不少到了20世纪五六十年代仍是街坊饮早茶的首选地。

多少饮茶老字号，都付岁月笑谈中。也有老字号中的常青树，比如开店于20世纪30年代的广州酒家，改革开放后又因着服务上的"诚暖顾客心"经营理念，成就了一句"去'广州'饮茶"的口碑，如今已拥有滨江西路店、体育东路店等14家分店。茶客的长年追捧，成就了其在2017年6月在上交所成功上市，成为广东省首家上市饮食集团。这样年过半百甚至过了百岁仍为茶客追捧的老茶楼，还有陶陶居、莲香楼、泮溪、北园等，相伴追随其半个世纪的老茶客，也是老城饮茶的一道老风景。陶陶居甚至把茶楼开到天河等区的商业旺地，满足着新城区新一代茶客的饮茶需求。

像许多广州出生、广州长大的茶客一样，"80 后"的广州仔沈志辉记忆深处最深刻的两个字也是饮茶，不同之处只在于父母亲就是做茶楼的。顺理成章地，长大后的他，接过父母亲的班。重振旗鼓的点都德，一改以往传统粤菜茶楼分饭市与早午夜茶市的模式，一整天都是独沽饮茶一味。像许多"80 后"一样，他对动漫、微信等有着钟爱的情感，体现在所执掌的茶楼里，其运营方式也是最新的：微信预约、团购、线上线下的配合。而茶楼所推上百款点心中，既有传统粤点，也有新式点心，不光是俘获了一大批新老广州人的芳心，也成了外地游客来广州到处打听想去试试的饮茶活招牌。去年 12 月来采访广州《财富》全球论坛的众多中外媒体，一下飞机也马上点名要去点都德试试饮茶。

传承着父辈的老字号精神，点都德不断开出新店，顺应着"一盅两件"的篇章延续。至 2018 年 2 月，点都德已开有门店 34 家，除广州外还在深圳、中山、佛山、阳江等地设店，总共 1 万多茶位，日均接待茶客超过 3 万人。如果说，40 年前广州饮茶给人的最深字号记忆是"九条鱼（如）"，那么今天应该就是遍布全城的"点字辈"。一点引来点点应，纵览今日广州的饮茶新去处，又有点点心思、点旨一盅、粤点越靓、尚点就点、饪点、又想点等等"点"字号店名的呈现，既突出了饮茶的重点在于点心，又生动有趣地传承着粤语文化。对于不少外地人来说，由每个招牌本身所引发的兴趣，从而主动去了解这名字背后的粤语意思，这样还顺带形成一种传播粤语文化的附加效应。

饮茶，确属一张可勾勒城市品格和人文神韵的最佳名片，就这样让广府文化悄无声息地融进每一个新老广州人的生活习惯中。

风生水起

【释义】形容活跃、有生气，事情做得蓬勃兴旺。

【例句】眼看你的新公司一开局，就已做得~。

翻开第6版《现代汉语词典》，可找到这个粤语流行词。在粤语交流中，它非常讨人喜欢；伴随着改革开放，它更是常被用到。

事情确实如词所述，改革开放中的广州，风生水起40年！如果说到城市面貌的最大变化，你认为会是哪一块地方？答案会是：天河区。如今的天河，写字楼特别多，而且都特别高。总面积有96.33平方公里的它，房地产业、信息产业、百货业、酒店业等都非常发达，以金融、商贸、信息、商务等为主导的现代服务业集聚其间，这样高度繁华的业态，其楼盘价格亦往往反映着广州楼市的最高点变化。

时间倘回到30年前，广州人多不知"天河区"为何物。甚至是出版于1988年的"广州市区街道详图"上，也没有列出天河。那时候的天河，菜地多过房子，猪和牛多过车子。当时可能谁也想不到，城东的一大片村庄和农田，因为迅速抓住设立新区的机遇，会成为迎接四方客人所拿得出手的"城市会客厅",会成为广州终于拥有的 CBD(中央商务区)。

变化的契机,来自中国进入改革开放模式。原来"老四区"的地方有些老、有些旧,所以广州需要开辟一块与现代化建设、与国际交往相匹配的空间。1985 年 5 月 24 日,国务院发文同意设立天河区,天河区从此定名并迈开了规划和建设步伐,其发展从此风生水起。

天河区为什么叫天河区?缘于区内建了个天河体育中心。体育中心的原址是天河机场,天河机场又因建在天河村的土地上,故有连环套般的得名。天河区的最早被注意,缘于第六届全国运动会在广州的举行,时为 1987 年。这是全国运动会第一次在北京、上海以外的地方召开,为解决承办六运会而兴建天河体育中心的资金问题,广州尝试在其周边开发商务办公楼和商住小区,同时配套完善包括道路交通的相应基础设施建设,遂有"一个六运会,变出一个新天河"的说法。

以六运会为契机,天河开始了势头很猛的新区开发,广州购书中心、广州电脑城等在 20 世纪 90 年代中期的相继亮相,表明天河将要在广州市的文化、信息、商业等领域担当城市"东进序曲"中的重头戏角色。1996 年 2 月,中国第一家 MALL(超级购物中心)——天河城的问世,掀动了当时城中最热的话题。城中又有"城",内设天河城百货、吉之岛超市、飞扬影城、天林书城等,以及各种时尚品专卖店、集各地风味的西餐厅、美食坊和酒楼,还有动漫游艺主题乐园等,作为全新的消费模式和商业理念的引进,激活了天河区的人流和资金流的频繁流动。"天上街市,群商毕至",当年天河城创业的这一口号,事实上带旺了整个天河区的商业氛围。

天河城周边,如今已是众 MALL 云集,正佳广场、花城汇、万菱汇等的集聚，使之成为广州最大型、最高端的新商圈。2002 年评选羊城八景，"天河飘绢"以新城区公共交通的中心枢纽角色，挟带着广州火车站东站与广州地铁一号线终点站的立体交通便利，连同车站广场的瀑布景观入选。该景观当时落成仅一年，被"石屎森林"所密集包围，评出时已有议论认为值得商榷，仅几年后亦被证明并无"景观"可言。这个评选的更大意义，应是对天河新区的高调肯定，是对广州进入新世纪所确立的"双中心"城市建设新格局的具体肯定。

用媒体的话说，天河如今是"强可超市，富可敌省"。全区的 GDP 至 2014 年突破 3000 亿元，这个数字已赶超宁夏、青海、西藏三个省（自治区），高于同省 17 个地级市。按天河建区 30 周年（2015 年 5 月）的统计，在区内投资的世界 500 强企业达到 157 家，占全广州的 65.4%；广州有 70% 的超甲级写字楼集中在天河，面积达到 1000 万平方米；天河还集聚着暨大、华师、华工、华农等 80 余所大中院校和中科院能源研究所等 44 所科研机构；还有，全市有 70% 的金融机构都在天河，全市三分之一的研发中心也在天河。

天河区可圈可点之事实在太多，在球迷心目中，则是足球风生水起的证明地。天河体育中心作为自 2011 年开启的恒大足球俱乐部（今恒大淘宝足球俱乐部）主场，见证了广州足球独树一帜于中国足坛的诸多"威水史"。至 2017 年，广州恒大已连续六次获得中超联赛冠军，也是现中超联赛中夺冠次数最多的球队，并拿过超级杯冠军、足协杯冠军和亚冠冠军。天河延续了广东足球雄踞中国足球前沿地位的"华南虎"虎威，天河让广州足球走到了历史上的最牛位置，天河续写着市场化中的足球融入世界的新传奇，天河擦亮了一张吸引着全国大量球迷的"足球之城"新名片。

天河成长很快，快得已经颠覆原来。正因为成长快，天河不少地名仍标有"从何处来"烙印：谭村、珠村、冼村、石牌村……却又长成一副"今日最城市"的面貌，这个蜕变也许最能反映城市与乡村、新城与老城的关系，也最能反映"风生水起"何以爱被频繁使用的本义。

行得快，好世界

【释义】走得快就有好运气、好发展（注：用该词时尽量不要拆开来理解）。

【例句】只因选了这个冷门项目开店，现在已是每天顾客盈门，真是~。

广州，一直求变。40 年前的广州，市区面积 54 平方公里。如今的广州，市区面积已变成了 7434.4 平方公里。这就用得上一句粤语流行词：行得快，好世界。新版《现代汉语词典》虽没收进它，但不影响该词被人们大量使用。

改革开放 40 年，广州的确"行得快"：现辖越秀、海珠、荔湾、天河、白云、黄埔、南沙、番禺、花都、从化、增城等 11 个区。为此变化，网上还不时掀起热议。比如这条："五一送朋友，广州南站去贵州，他们进站后，我坐车回萝岗（在黄埔区）的家。后来他们到了贵州，住进了宾馆，我都还没有到家。"

1949 年 10 月，解放后的广州市划分为 28 个区。1952 年 9 月，城区大合并，整合为东区、中区、西区、北区、河南区等 5

个行政区。1960 年 8 月，原东区、中区、西区、北区、河南区撤销，设立越秀区、东山区、海珠区、荔湾区 4 个行政区——这也就是一直挂在人们嘴边的"老四区"了。其他市辖地则另以"郊区"命名之，还有一些行政县属于"广州市代管"。至 1973 年，小小地变了一下，曾划入郊区的黄埔区恢复"市区"身份。

变化不大，是大家"行"不快，亦因交通不方便。广州是铁路建设的先行者，那时出门，"行得快"靠它。中华人民共和国成立前，就有广三铁路、广九铁路和粤汉铁路，始发火车站分别为石围塘、大沙头（广九站）和黄沙（广州南站）。作为上世纪 70 年代新景观的广州火车站甫一出现，很快推动了广州与"北方"（广州人对"省外"的统称）的频繁交往，80 年代后还成为所有怀揣希望的南下打工者之梦想起点。不少人回忆起自己缘结广州的第一步，都是出了火车站回首一望便永远忘不了的"广州站"站牌和"统一祖国，振兴中华"八个大字，还有站牌下那催人奋发的嘀嗒走动的大时钟。

"统一祖国，振兴中华"，是一代人所共同拥有的梦。广州有梦，所以变大。当中国进入改革开放模式，广州随之被激活了："南风窗""街边仔""音乐茶座""五星级酒店"……新事物新潮流新观念，似乎一切吸引国人眼光的举措都与广州有关系。原有的行政区配置已经远远满足不了经济社会的发展需求。1985 年，郊区划出部分区域分别设置了天河区和芳村区；1987 年，郊区又改称白云区。三个新区，多乎哉？不多也，皆因"民工潮""打工潮""创业潮"正向广州方向而来，行得快，好世界。

步入新世纪，2000 年 6 月，番禺、花都同时撤市设区，并入广州新区行列；2005 年 4 月，原东山区和芳村区撤销，分别并入越秀区和荔湾区，新设萝岗、南沙二区。花都原来叫花县，1993 年撤县建市，改叫"花县市"或"花市"似不妥，所以捎带着把个"县"字也撤了。花都设区让广州感受最强烈的还是"行"。广州白云国际机场选择花都使之拥有了一张名头最响的名片，那是仅次于京沪的三大航空枢纽之一，航班抵达广州的第一站是花都，离开广州也必须进花都。广州以前不大，皆因出行交通工具主要靠单车，踩一部单车可以行遍全城，包括可以骑到白云机场（旧机场）再转乘飞机。靠骑单车则不可能骑到花都区去，要想"行得快"，还得依靠发达的地铁网络，让新机场与彼此的出门地连通起来。

1999 年 12 月 28 日，全面竣工的广州地铁 1 号线工程，把荔湾、越秀、天河三个区瞬间连了起来。2010 年，地铁 2 号线延长线、地铁 3 号线北延段的贯通，把花都区空港与 2010 年 1 月建成使用的位于番禺区石壁的广州南站——连接京广高铁、贵广高铁、南广高铁、广珠城际和广深港高铁的重要枢纽都接驳起来。似乎可以这样理解：广州地铁犹如城市生长的骨骼，支撑着城市空间的拓展，而这个变化使得叫做"市区"的土地面积不断增大。

步入 2014 年，原黄埔区、萝岗区先撤销后组合为新的黄埔区，从化市、增城市也分别撤市建了区。变化的底气同样来自加快建设中的广州轨道交通系统，尤其是来自地铁：建设中的地铁新线路，分别连通着花都、从化、增城、南沙等新区，是谓"新四区"，而其他之前建立的行政区，对应着说则应归入"老七区"队列了。随着广州地铁连接"新四区"四条新线于 2017 年 12 月 28 日开通，广州地铁线网总里程已达到 390.6 公

里，居全国第三、世界前十，日均客流量达 820 万人次，客流
强度居全国第一。

"新""老"变化快，缘于城市人口增长快，缘于改革开放
后的广州——行得快，好世界！

二　普通话南下

改革开放先行一步所最早孕育出的一方热土，造成了数量最大、时间最长的人口持续大迁徙，人们在来广东珠三角创业、打工并居住的同时也带来了普通话。"变通""包容""品牌""抓手""平台"等普通话流行词，更给珠三角带来了全国视野。而立足于全国发展一盘棋的广州人，公务场合中早已普遍在说普通话了。

变通

【释义】依据不同情况，作非原则性变动。

【例句】这情况太特殊了，能不能～一下？

改革开放 40 年，思想大解放，社会大发展。"普通话南下"中的"变通"一说，广东人一旦接触就喜欢得不得了，从此常常挂在嘴上。春江水暖，广东人先知。这先知，既来源于得风气之先的人们观念上的改变，也来源于懂得"变通"的各级党委政府突破思想和体制上的束缚，而迅速营造出来的一心一意谋发展的氛围。

"东西南北中，发财到广东"，已经无法追溯这句话是怎么流行开来的。但可以肯定的是，改革开放之初，广东确确实实把"让一部分人先富起来"的政策，演变成了"让广东人先富起来"。而一些广州最早崛起的个体户，在忆述白手兴家的燃情岁月时，都难以忘怀省委一把手的倾力支持。

据容志仁回忆，1981 年 8 月，他参加了共青团广东省委组织的部分个体户青年座谈会，去了才知道省里的最高领导也来了。当自己在会上谈罢"做一毛钱学生餐"的体会，时任广东省委第一书记任仲夷当场就表态道："我们需要的就是你这样的做法，第一，你可以自谋职业，第二，你方便了群众的生活，而且你能根据群众的需要来做，很好，在座的有很多报社记者，你们都要报道。"

高德良也说起，基于创业初期的一些困惑，从查号台问到省委办公厅的电话号码，打通后哇啦哇啦就是一通议论。没想到，上面来人了。原来是任仲夷在电话记录上作了批示："高德良是个个体户，对于这样一个重大政策问题能向省委反映，是可贵的。他反映的情况必须引起省市领导的重视，并责成有关部门采取坚决、妥善的措施加以解决。请办公厅找他面谈一次。"

小小老百姓的问题，就是这样一次次惊动了省里的最高领导。其实，当我们追寻广东老百姓最早的致富线路图时，会发现，"先富起来"那些事儿，总依托于当地党委政府所着力营造的奔富小环境，总因为有着一批思想解放、实事求是、大胆开拓、勇于担当的好干部。

1977 年，时任顺德县委书记的黎子流支持鱼塘搞包产到户，结果有上级领导打电话提醒黎子流："你这样搞，就很难保证党籍。"黎子流对上没吭声，对下仍支持大家默默地试。他表示："有责任我来担当。"十一届三中全会那时还没有召开，但鱼塘亩产量因此就几十斤上百斤地上来了，实践是检验真理的唯一标准啊！有关"包产到户"的红头文件后来出台了，但规定只可在极其穷困的地区试行。顺德属于珠三角富庶地区，但黎子流先斩后奏，向上级领导汇报时只说是"联产到户"。他想，反正又没有把利益装入自己的口袋，趁着还没有撤职赶紧多干。

倪穗礼拿到"私企 001 号"的注册登记亦颇具戏剧性。当时广州市东山区工商局的同志听了他要注册私营计算机公司的想法，即向市局和东山区委分别作了请示。后来，还是东山区委书记发了话："这是新事物，要大力支持！"具体操办时，工商局同志才发现没有现成的营业执照，怎么办？不能等！拿出个体户的版本，用笔写上"私企 001 号"，OK 了！

发展是硬道理。广东改革开放何以能先行一步，政府做得怎么样，百姓心中自有一杆秤。在改革开放之初，珠三角流行两个形象化的说法，一是"交通灯政府"，见了红灯当然是不能走的，但可以绕道走，亮黄灯时还要抢着走；二是"变压器政府"，上面的政策，完全可以根据地方实际或升压或减压，变通地运用。

不管是北人先说，还是粤人先用，"变通"一词，随着改革开放才为全国人民所熟知、所爱用，则是不争的事实。

包容

【释义】宽容，容纳。

【例句】人生难得是～。

包容是一种人生气度，亦是一种政治智慧。

自有人类历史以来，包容总是和繁荣、进步联系在一起。任何群体，小至家庭，大至地区、国家，若要和谐共存，似乎都离不开这个词。人与人之间，性格、爱好、目标都不一样，如果缺少包容，又怎么能够和谐共事、共谋发展呢？同理，纵览广东改革开放这40年，若缺了各级领导者的包容，就不可能在方方面面取得那么大的成就。这就不难理解，包容何以成为40年里的一个流行词。

创立于1979年1月31日的蛇口工业区，比深圳特区还早落地8个月，一度被誉为"改革开放试验区"。"时间就是金钱，效率就是生命"这一经典语录，后来全国人民都很熟悉了，但最早在蛇口被提出则引来很多争议。提出包容这句口号以及许多改革举措与观念的，是老资格的共产党员、香港招商局第29代掌门人袁庚。蛇口在干部体制、民主选举、舆论监督等方面大胆推出的改革试验，在20世纪80年代一直备受全国关注。改革免不了也会触动改革者自己，没有包容可不行。

从1983年开始，袁庚力推民主选举，试行无记名投票选举领导班子。由于蛇口工业区管委会扮演着既是企业又是政府的角色，此举无疑是打了一个"准政府选举"的擦边球。这一改革规定，两年选举一次，一年投一次信任票。候选人要发表施政设想，公开答辩，接受群众质询。袁庚是这样想的："首先是把干部置于群众的监督之下，改变过去那种'官不畏民，民畏官'的坏风气，防止干部以权谋私。"1986年的信任投票，有341人未投袁庚的信任票，袁庚却感到高兴："有人说我是'蛇口权威'，那么'权威'正面临一场严峻的挑战。这说明蛇口人在民主风气的熏陶下，对自己的干部有更多的选择余地，反对袁庚也没有什么好怕的了。这真是一件大好事。"

蛇口的舆论氛围，那时常常成为新闻焦点。发生在 1988 年的一场"蛇口风波"，更是让人对袁庚刮目相看。那年的 1 月 13 日，3 位闻名全国的青年教育家，在座谈会上与蛇口青年就人生价值观念等问题展开了激烈争论。有专家在发言中提到，个别人来深圳的目的，就是在别人创造的财富中捞一把，这就是极少数淘金者，特区不欢迎这样的淘金者。而蛇口青年认为："淘金者"赚钱，没有触犯法律，无所谓过错，"淘金者"来蛇口的直接动机是赚钱，但客观上也为蛇口建设出了力，"淘金者"并没有什么不好。

在如何表达对祖国的爱的问题上，双方也展开了激烈的交锋。一位蛇口青年尖锐地说："三位老师的思想在蛇口是没有市场的。三位老师的演讲在内地有反响，在蛇口这地方就不一样。"专家于是表示："我们希望青年对祖国有深厚的爱，你能申明你对祖国没有爱吗？"青年回答："我认为要看这个爱怎么表达，应当实事求是，而不应当讲虚的、假的、空头的。老实说，蛇口青年都知道，你们是空头的，虚无缥缈的。我们讲实际，我们用自己的劳动表达对祖国的爱……应允许蛇口青年通过体力劳动的方式表达对祖国的感情。"专家又问："明天我就在大会上当着那么多的人讲你的话，敢不敢把你的名字告诉我？"笑声中，这位青年递上了自己的名片。

这位蛇口青年的名字，后来被写入一份汇报材料。他会不会就此挨整呢？2 月 1 日，《蛇口通讯报》以《蛇口青年与曲啸李燕杰坦率对话——青年教育家遇到青年人挑战》为题对此进行了报道，《羊城晚报》等全国各地的媒体很快也加入报道中，相关的讨论随之沸沸扬扬、持续不断。8月6日，《人民日报》以《"蛇口风波"答问录》为题，也介入这场大讨论中。正是在《人民日报》的这个采访报道中，袁庚表态了："我非常赞赏这句话，'我可以不同意你的观点，但我誓死捍卫你发表不同意见的权利'。希望记者同志一定要把这个观点报道出去，这是保卫宪法赋予的言论自由的神圣权利。所以，对那位被追问姓名并上了什么材料的青年人，我们一定要加以保护。即使他的发言有什么不妥，也不允许在蛇口发生以言治罪的事情。"

《人民日报》关于"蛇口风波"的讨论，掀起了新一轮大讨论热潮。自8月中旬到11月中旬，全国几百家报刊纷纷就此发表文章，绝大多数都认为，思想政治工作必须改革，以适应商品经济发展的新形势。有报刊还提出了"应该有一个'蛇口环境'，一个使人免于恐惧的环境"。在这个又被誉为"第二次关于真理问题的大讨论"中，"蛇口青年"作为一个改革的概念被广泛认知。

事情一晃就过去了30年。今天，好多人就舆论环境提起包容这个词时，都仍记得袁庚那斩钉截铁一般的表态。包容的人格魅力，由此可窥一斑。

自主权

【释义】自主拥有的权利能力。

【例句】我什么时候有过真正的~？

——自主权，你是否拥有？

——这是个问题。

从企业经营的用人、用钱、用物，到一个人的婚姻大事，都得面对或有形或无形的某种限制，所以，才有"国家保护妇女的婚姻自主权""老人的婚姻自主权受法律的保护"等法律条文的出台。人人都渴望权利能力的自主。

改革开放40年能有今天，毫无疑问也牵扯到自主权的问题。"改革"二字，有时就是自主权的改革那么具体。当年中国足球迈开体制改革的第一步，足坛崛起第一支由企业承办、以企业命名的球队，叫做"白云山"。这支球队参赛时可以穿上有广州白云山制药厂企业标志的球衣，可以传播"白云山，爱心满人间"的企业广告语，表明它的自主权已率先宽松于其他球队。

岁月匆匆，好多人都不一定记得冠名"白云山"的那支足球队的事了。说到企业和企业家本身当时的辉煌，又有多少人会铭记于心？一切都是瞬息，一切都会过去。遥想当年，白云山制药厂里，二十来号人马"两口旧锅闹革命"，靠着生产单一品种的穿心莲药片起家，企业自我滚动、自我壮大，到1980年，企业产值已突破1000万元，以后又接连以年翻两番的速度飞跃，1989年企业产值达8亿元，迈入了全国500家最大工业企业之列。

坐落在广州市东北郊白云山麓的这家国有企业，一度高踞中国医药工业最大企业榜首，其伴随改革开放而来的显赫名声，甚至盖过了地理意义上的白云山本身。一段时间里，走出广州，不少人只知白云山的企业品牌而未必知道别称"广州市市肺"的那座山峰。改革开放的前十年，全国各地的有为青年都心仪白云山，不断有人或直接敲厂里的门或写信自荐，希望一展身手。这里似乎已成了实现崇高理想、创造最大价值的一块"圣地"。

不应该忘记贝兆汉的名字。20 世纪 90 年代，他曾获得"全国优秀企业家"的荣誉称号。到了 2008 年 5 月，中国企业联合会、中国企业家协会向在中国改革中做出突出贡献的 109 个企业家和集体颁发"中国企业改革纪念章"，仍有贝兆汉。贝兆汉是个幸运儿，之所以在改革开放之初就迅速取得了巨大成功，很重要的一个原因是争到了自主权。从参与创业的一个普通"知青"，到被组织安排坐到第一把交椅上之后不久，党的十一届三中全会召开了，他从而有了一个得以放开手脚大胆开拓的机会。他认为，厂里的班子应该由自己来组织。上级点了头。他又认为，除了用人权，财权上也应尝试着交给企业自己。上级依然点头。没有广东先行一步的改革开放大背景，没有开明开放的开拓型上级，也就没有改革家贝兆汉。

这下好了，"白云山"的自主权，在作为企业主要决策者的贝兆汉的领悟下，可以无所顾忌地任命生产骨干，可以灵活机动地面向全国招聘科技人才，从而迅速形成一支能征善战的科技、经营、管理、生产、推广的队伍。资金使用方面，因为包干留成的那部分是自行安排的，在生产经营、科技投入、产品营销、吸纳人才等方面自是大有可为。"白云山"的自主权，那时是令全国的同行多么羡慕的一件事情啊！1982 年，国家卫生部宣布淘汰 127 种药品，致使驱虫药出现短缺，贝兆汉及时应变，所指挥研制出的一种新的驱虫药很快就占有了全国驱虫药市场销售额的九成以上。1983 年，他又大胆推出销售环节上的"五包"服务——包运输损耗、产品降价、超期库存、淘汰药品及质量退货造成的损失，从而在全国范围内赢得大量的客户。

贝兆汉是一代改革英雄，同时又是个悲剧英雄。1998 年，他从广州白云山企业集团公司董事长兼总经理和白云山制药股份有限公司董事长兼总经理的位子上退了下来，正常退休了。他退下来时，集团公司和股份公司均处于亏损状态。有人分析其落败的原因时就用了一句话：成也自主权，败也自主权。

万元户

【释义】改革开放之初先富起来的人。

【例句】广西梧县潘地村，四五年间冒了富，全村 30 户人家，除了原五保户刘大娘年收入 2000 元，都是～。

改革开放之初，这个时髦词语曾经令多少人心动！及时抓住由十一届三中全会召开而带来的发展机遇，选择了非公经济的路子，个体工商户、个体养殖户等应运而生，打破了多少年不变的所有人在经济收入上的大致平衡，万元户出现了。

改革开放前，中国绝大部分人的月薪基本上都定格在两位数，所谓"做又三十六，不做又三十六"，月入上百元者都是高级干部、高级工程师一类。算上知悭识俭、日积月累存银行的个人积蓄，有个上千元已是非常了不起的事情。这下好，改革开放居然使人有了五位数！新闻媒体都把万元户当做值得探讨的热点事件和热点人物。但实在没有想到的是，事隔二三十年后，人人都是万元户了！"百万元户刚刚起步，千万元户不算太富"，如今的段子这么说道。这世界变化真快。

不管怎么说，万元户确实让更多的老百姓初尝成功带来的喜悦，明白了"让一部分人先富起来"的政策是多么的行之有效。世界也在关注改革开放后的中国。1985 年的美国《时代》周刊，把推动中国改革开放的风云人物邓小平摆到了封面上。而在里边的报道中，则采访了广州的万元户高德良并配发其照片，评价高德良是"中国改革的典型人物"，认为他的店铺体现了不同经济成分在中国已得到大力扶持和发展。

1980 年 4 月，是时年 31 岁的高德良开始当个体工商户的日子。从干了 6 年的广州锅炉厂辞职，他要试试办"周生记太爷鸡"店的滋味。作为中国改革开放后的第一批个体户，路该怎么走？前方没有示范，他"过河"没石头可摸，只摸太爷鸡。由于祖上一个县太爷家传的"皮脆肉滑，骨都有味"的美食秘方，店铺一开张生意就好得不得了。当时他每天清晨 5 点起床，一口气连着去拿货，回来宰、制、卖，中午扒两口饭，下午又是上午的循环。一个人做，就是整天不睡觉也忙不过来啊！于是，他雇了 6 个帮工。

高德良从小爱读书，包括爱读马克思的《资本论》。他在《资本论》中发现，雇工 7 人起才算资本家，所以在雇工数量上才有慎重的考虑。虽然如此，可社会上已经有人在议论，说他在搞剥削了。他还遇到别的问题。卖太爷鸡，大家都说好吃，可就是无法扩大生产规模，国家银行没有给个体劳动者贷款的先例啊。再就是税收政策，个体户的纳税特别重。诸如此类，他觉得自身所遭遇的，也是所有个体劳动实践都避不开的普遍性问题。这也问题，那也问题，非公经济发展又哪有积极性可言？

高德良决定给中央写信。给中央的信，他梳理了 8 条意见。那时他就大胆提出，要有法律去保障个体劳动者的人身安全和财产所有。信是 1980 年 12 月 26 日寄出的，没想到，一周后就收到了当时国家计委一位同志的复函，认为他提出了一些值得研究和急需解决的理论问题和政策性问题。后来，他听说国务院主要领导还专门在他的信上作了批示，要求有关部门予以研究解决。

回顾当初的经历，高德良认为，所谓万元户，所赚到的每一分钱都凝聚着艰辛的汗水。不过，上世纪整整一个 80 年代，舆论常在"姓社姓资"的问题上纠缠，非公经济企业主在受到上头表彰与流言蜚语的落差之间、在生活改变而地位低下的落差之间、在收获财富与财产没有安全感的顾虑之间，一路走得并不平坦。对自身的把持、守业及发展，都需要自己努力去摸索。

在改革开放走到了第 40 个年头的今天，被美国《时代》周刊 30 多年前报道的卖太爷鸡的小店，仍矗立在老地方，一直都做得好好的。好些年了，高德良会拿出年利润中的 1/10，用来从事公益事业、回报社会。让他感到欣慰的是，太爷鸡店虽小，但作为中国经济发展的非公经济"风向标"功能还在。

只是，万元户一说，不再被人提起。

下海

【释义】辞去公职，置身商海。

【例句】我的青春岁月很简单：70 年代下乡，80 年代～。

改革开放之初，有过一些比较经典、比较流行的词语，"下海"就是其中之一。它，泛指一切辞去公职而置身商海的行为。最早的下海者，据说由于搞不清"姓社"还是"姓资"，故不敢怎么张扬。后来，看到人家下海可以先富起来，才有越来越多的人愿意下这趟"海"，以至于再后来有"十亿人民九亿商，还有一亿要开张""十亿人民九亿倒，还有一亿在思考"等民间说法。这"商"，连着个"海"；那"倒"，折腾的也是"海"。

"下海"，据说语出旧时戏曲《洛阳桥》，说的是清朝有个状元要在家乡建桥，实施时那桥墩却老打不下去，据传是"海龙王不同意"，怎么办？公事公办吧。"兹委派一位能下得海去的人与龙王面洽架桥事宜"的公告被贴了出来。也巧，衙役在酒馆里找到一个醉汉一问名叫"夏德海"，"下得海"就这样找到了。无辜的夏德海结果就被扔到了大海里。后来，人们把含糊不清地或冒险去干某种事概称为下海。人们很喜爱的下海，原来是要具备一种冒险精神的。

从体制内到体制外，敢下海者，难免沉沉浮浮。但如果不下海，也许就错失了多少会让人嗟叹终生的机会。改革开放之初，广州首批"羊城十大歌星"之一的陈浩光，便是个较早的下海者。早在1983年，他向体制内的广东音乐曲艺团递了一纸辞呈，顺便暂别了自己热爱的职业演唱生涯，只为证明自己下海经商的能耐有多大。1984年，他干脆下海下到上海去，在所执掌的酒家中大玩舞台效应：黄包车夫拉客，满脸络腮胡子的"红头阿三"把门，门口泊上一艘载有多款生猛海鲜的"小渔船"，曾在广州为接待来访的英国女王，连做御膳的大厨也请来掌勺，诸如此类。沪上因而吹起了一阵新潮粤菜的风，就连中国足球首位洋教练施拉普纳的太太来华第一餐，也选择到这里。

忆述当年精彩事，仍在上海从事餐饮业的陈浩光并不讳言重在所迈出的第一步，金钱收获还在其次，重要的还在于个人价值上的不断实现，以及来自社会方方面面的良好评价。比如说，有一次陈浩光从新闻中得悉一名残疾女孩因家境困难而在该上学的年龄上不了学，于是就发起酒家员工为此捐款（当然自己会捐得最多），循址探访中又知悉其父亲作为"返城知青"因为没有解决户口问题而找不到正式工作，于是马上拍板请其出任酒家保安，以尽可能通过收入上的改善去帮助对方。陈浩光认为，能让上海人从中了解广州人，这就够了。

无数个"陈浩光"的先后下海，本身就见证着中国人价值观的变迁。40 年前，个人利益、成名成家的思想是要受到批判的。哪怕是在改革开放之初，最早的下海者因为跳出了体制外，所以被认为是在强调个体意识、是在"张扬自我"，也是舆论导向所不提倡的。当社会随改革开放的深化而大步向市场经济转型，民众的主流价值观才接纳了个人奋斗这样的精神诉求。有了个体意识和个人权利意识的真正确立，才有下海者在自主创业中所闯出的一片天地。

下岗

【释义】职工因企业破产、裁减人员而失去岗位。

【例句】我是～再就业。

人往高处走。"下"所呈现出的，则是由高往低的走向。半个多世纪以来，中国人面对过三次大规模的涉"下"问题——

20 世纪六七十年代：下乡；八九十年代：下海；90 年代中后期以后：下岗。

除了下海的走向是一路向上（就经济收益而言），下乡和下岗确实是在"下"。下岗之"下"，已把人摆到了一个没有工作的境地。

下岗，是我国劳动力长期供大于求造成的一种客观现象，是计划经济条件下所形成的就业制度在社会转型期的必然反映，也是我国经济社会发展多年积累的深层次矛盾的综合反映。多少年来，在统包统配的就业制度下，国有企业承担了过多的安置就业任务，结果冗员充斥、人浮于事、效率低下。市场经济条件下，企业要求得生存和发展，以往积存的富余人员就必须分离出去。

有了下岗这个流行词语，就有相对应的"再就业"一词的出现。不过，与上述两词配套出现的，曾有一个怪怪的词叫"4050"。皆因劳动年龄段中女 40 岁以上、男 50 岁以上的，本人再就业愿望虽迫切，但因自身就业条件较差、技能单一，较难在劳动力市场中竞争就业。"4050"身为原国有企业的下岗人员，为社会主义建设先是贡献了青春，后又为改革作出了牺牲，但随着年龄增长，就业确实相对困难，这一直引起各级政府和社会各界的极大关注。

要改革就会有牺牲，下岗的事是经常发生的，广州人却不相信眼泪，心若在饭碗就在。下岗女工劳贞波的自主创业，就是个鼓舞人心的例子。劳贞波原在广州市东风建材五金厂工作，2000 年 10 月下岗时，已接近"4050"了。下岗后她知道手一停口就停，于是找到一份保险代理的工作，却因业绩平平而再次下岗。接着又应聘一家书城当文员，由于有学历的年轻人在文员岗位竞争上的天然优势，她无奈再度下岗。三次下岗，两次再就业的不成功，并没有使她气馁。失败教训迫使她转变择业观念：与其为别人打工，不如自主创业。

2002 年 7 月 19 日，可以说是劳贞波命运转折的一天。当天，她来到广州市劳动力市场寻找机会，遇到了同厂的 3 名下岗工友，当时有工作人员建议她们合伙开个肠粉店。大家正商量着，却见所有人的目光都朝向一个地方。原来，是时任中共中央政治局委员兼广东省委书记李长春和时任广州市委书记黄华华、市长林树森来这里考察调研。几个下岗女工正想往一边躲，想不到李长春听说了她们商量自主创业的事情，当即招手与之交谈。李长春对此大加鼓励，还表示会在店子开张的那一天亲自去品尝品尝。劳贞波当时十分感动，不过她并没有想到省里的一把手会一直惦记着这事。"省委书记工作那么忙，哪里会把一个普通下岗工人的事情搁置心上呢？"她当时确实是这样想的。

万事开头难。要开饮食店，单是找铺面的事情就颇费精力，劳贞波等几个下岗女工为此跑遍了越秀、荔湾几个区的大街小巷，找了 30 多个地方，均因租金太贵没有谈成。有时为了砍价钱，她一天跑业主家好几次，两个月跑烂两双鞋，人都瘦了好几斤。经过两个月的奔忙，五羊新城明月二路一家业主最后以比较优惠的价格把店铺租给了她。在政府劳动部门的热心帮助下，多日的辛劳有了结果，卖粥卖肠粉的小饮食店开张了。"春林苑"的店名，则寄寓了下岗女工对省市政府部门一直给予关心支持的感恩之心。

劳贞波至今忘不了李长春书记来春林苑喝粥的那一幕。2002 年 9 月 25 日，劳贞波正在外面采购，突然接到店里同事的电话，说省委书记真的要来店里喝粥了。劳贞波心里又激动又紧张，赶紧打的往店里赶。和李长春书记一同前来的，还有黄华华、蔡东士、游宁丰、林树森等时任省市领导。见面时，劳贞波紧张得半天没说出话来，还是李长春书记主动和她打招呼：

"今天来尝尝你做的肠粉味道，我想来很久了。"那种亲切感就像老朋友一般。

春林苑后来发展成由汽车配件、文体用品、服装、饮食等多家自主创业的店子所组成的"春林苑系列"。身为"春林苑系列"会长，劳贞波表示："曾有姐妹问我，一个年纪不轻、没有多少专业技能、从国营企业下岗的人，在当今社会怎样生存下去？我不敢说自己很有经验，但有一点，就是不要把自己看轻了。只要用心去学，去做，肯拼，肯吃苦，就会有希望。还有，就是要依靠党，依靠政府。"

吃大锅饭

【释义】不论工作好坏、贡献大小，待遇报酬都一样。

【例句】~他都吃成习惯了。

20世纪50年代末，中国搞起了俗称"三面红旗"的大跃进、大炼钢铁和人民公社化，大家干活干累了都围在一口大锅旁吃饭，这个词语就开始流行了。倘追根溯源，大锅饭古已有之，那时战士们行军打仗时背一口大锅，吃大锅饭时并不至于想歪。自从有了"三面红旗"，大家的潜意识里才萌发了干好干坏可吃同一样饭的种子。

中国经历了很长一个时间段的计划经济，大锅饭的词性词义，恐怕是最能形象地概括其分配制度的实质了。吃过本来意义上的大锅饭的人都知道，大锅饭不是什么好饭，只是饿不着而已。计划经济年代里，大家的工资收入差距并不大，过的几乎是同样的日子。那时候哪怕海外哪个亲戚给汇了一笔钱，也买不到更多的好东西吃，因为猪肉、鱼、蛋、糖、米、油等全都是凭票证供应。该吃多少、该穿什么，全由国家给计划好了。那时候，整个国家就是端的同一口大锅吃饭。

那个吃大锅饭的物质拮据的年代，在广东，城里的靓女还流行"三件宝"的择偶目标。何谓"三件宝"？"医生、司机、猪肉佬"！医生之手能开一些可补充营养的药物（例如鱼肝油丸、清补凉等），还可以开病假条让人美美地休息两天；司机开车到处跑，能从乡下买回一些农副产品；至于市场里卖猪肉的，则因为猪肉刀操在手，让刀子拐个弯以给出更多的分量应不是难事。一样的吃大锅饭的群体，居然也能发掘出不一样的苗子，缺衣少食的广东靓女，现实主义比浪漫主义显得更为重要。

改革开放了，大锅饭一度仍普遍存在于企事业单位之中，除非你已跳出体制外。"拿手术刀的不如拿剃头刀的，造原子弹的不如做茶叶蛋的"，实际上已道出改革开放后在体制内的分配制度上所存在的问题。当整个社会在分配上还不怎么敢拉开差距时，发生在珠海的"百万元重奖事件"可谓石破天惊。1992年3月9日，珠海举行了科技进步突出贡献奖励大会，一批科技人员拿到了从8万元到110多万元不等的重奖。其中获特等奖的三位，还同时得到了奥迪轿车和近百平方米的住宅。置身其中，当时谁都会热血沸腾。只要努力工作，谁都可以成为"百万富翁"！

事情其实没有完。珠海重奖之事发生时，改革开放都十多年了，但大锅饭思想的影响仍根深蒂固。当整个社会在思维上仍习惯于平均主义的套路时，哪怕是"重奖"万元，都觉得不可思议。这下好，还搞个"百万元重奖"！各地媒体在进行报道时，不少都是低调处理。一家全国最大的科技报纸本应是作为头条新闻处理的，最后还是决定扣下不发。总之，人们研究来研究去，觉得分配上的事情在舆论导向上还是要稳妥一点，不宜提倡。

"百万元重奖事件"的倡导者是梁广大，时任珠海市委书记兼市长。回首当年，他说关键还是要对当时妨碍发展的极"左"思想余毒、平均主义、大锅饭思想、小生产者意识等陈腐观念，来一个摧毁性的冲击。他透露了一个秘密，那年1月，在陪同邓小平同志视察珠海的路上，他汇报了准备重奖科技人员的详细想法，包括百万元的数额。邓小平同志当场表示："我赞成。"

1993年、1994年……珠海重奖科技人员的举措没有停。示范的力量是无穷的，全社会的分配制度已有了很大的改观，配合着各地各行业的企业激励举措的纷纷出台，重奖事件如今再不会成为新闻。只是，矫枉难免过正，社会上如今对一些垄断企业、对一些不是凭个人能力坐高位者的高收入，反而议论挺大，认为是借打破大锅饭的幌子来谋取私利。是不是这样，则有待理论家去进一步探讨，有待实践者去深化改革并具体解决。

首富

【释义】某个地区最富的人或人家。

【例句】台湾～郭台铭今日与小他24岁的舞蹈老师曾馨莹结婚。

第5版《现代汉语词典》新收进的流行词里，"首富"这个词非常招人喜欢。

要知道，做人什么都可以有，但不可以有病；做人什么都可以没有，但不可以没钱。如果一个人不但有钱，而且最有钱，那就是首富了。改革开放使我们富了起来，同时还有了做首富的人生追求。当然了，一家三口中最富的你，不可以称首富。这个称谓得以地区中某年度的财富统计来核算。在2007年度，台湾地区的首富是郭台铭，香港地区的首富是李嘉诚。

首富不是一成不变的，今年是谁谁，明年就有可能不是了。譬如说微软创办人比尔·盖茨蝉联世界首富13年，到了2007年，还在宝座上。但是，2008年3月5日，美国《福布斯》杂志公布最新一轮的全球富豪榜显示，素有"股神"美誉的美国投资家沃伦·巴菲特坐上了最新的全球首富宝座。

曾经的世界首富比尔·盖茨有多少钱？据说，如果他将所有的钱兑换成一美元钞票，可以建一条连接地球和月亮的金元路，而且可以多次往返。不过，到了2008年6月27日他退休那天，就没有多少钱了，以后也不可能当首富了。之前他在接受英国电视节目采访时表示，将把自己名下580亿美元的财产全数捐给慈善基金会，一分一毫也不会留给自己的子女。他说："我希望把它回馈社会，确保它产生最积极效应。"因为他，全球的电脑使用者都感到了方便、高效；同样因为他，世界都认识了什么叫做首富，包括首富赚那么多钱到底是为了什么。

有人当首富，皆因有人爱搜富。所有大大小小的首富信息，都由一个目前被认为是相对权威的《福布斯》杂志，一年一度在全世界范围内操作富豪榜的排名事宜。中国人最早也是通过福布斯的发布而认知首富这个概念，然后逐步提起对首富的关注程度的。不过，说老实话，福布斯所评出的中国首富及富豪排行榜，作为参考资料可能会好一些。真实的财富数字往往未必这样，今年评上而明年大跌的情况屡有发生。福布斯之后，又出了个胡润排行榜，使得在中国的富豪排列产生更多沸沸扬扬的话题。福布斯在中国最早的财富排名，是英国小伙子胡润在张罗，这也是事实。

广东在改革开放中先富起来，在福布斯排行榜上也会先走一步。1995年福布斯评出的中国首富，是在广东珠海做房地产的罗忠福。福布斯的榜单上，广东人的名字一直都比较风光。广东潮汕人黄光裕，其经营的国美集团作为目前中国最大的家电连锁销售商，是福布斯公布的2006年度中国首富。而在胡润的排行榜中，黄光裕当中国首富只蝉联2004、2005这两年。

2006年度的中国首富桂冠，胡润出人意料地给了一位在广东的女性，由此催生了"中国第一个女首富"。她叫张茵，是东莞的玖龙纸业当家人。在胡润的这个排名中，黄光裕是第二位，位列第三的是合生创展的朱孟依，广东人囊括了前三名。还是这句话，所有排名仅供参考。

江山代有首富出，福布斯则让"中国第一个女首富"桂冠落在时年26岁的广东顺德靓女杨惠妍头上。福布斯亚洲版2007年中国富豪榜上，年轻的杨惠妍一"名"惊人，个人净资产高达160亿美元，这也使她成了亚洲最富有的女人。其父杨国强，一直在做房地产，是碧桂园的董事长，为人处事非常低调，他在2005年就将碧桂园的大股东位子让给了宝贝女儿。

当时间来到2017年，无论是福布斯还是胡润排行榜，首富之名均定格于一家总部在广东的企业掌门人身上。9月18日，福布斯最新数据显示，恒大集团创办人兼董事长许家印以身价391亿美元资产，位居全球第十五名，超越身价约为387亿美元的马化腾及马云，成为中国新首富。10月12日，胡润研究院发布的《胡润百富榜2017》显示，截至2017年8月15日，中国恒大许家印以 2900 亿元的财富力压"二马"（马化腾、马云），跻身中国首富。

关于许家印，首次列入胡润排行榜是在 2004 年 10 月，排名是第 39 位，那时距离其创立恒大集团（1996 年创立）还不到十年。"百富"排名虽不靠前，并不妨碍许家印在同年召开的广东省民营经济工作会议上提出，恒大集团要"跻身世界 500强"。那一年，恒大在"中国企业 500 强"榜单上有名（排在第281 位）。有了战略目标，当然更要有努力，如今的恒大，果然跻身于世界 500 强企业集团（2017 年排在第 338 位）了。如今许家印执掌的这家企业，集地产、金融、健康、旅游及体育为一体，总资产达万亿元，年销售规模超 4000 亿元，员工 8 万多人，解决就业 130 多万人，在全国 180 多个城市拥有地产项目500 多个。

首富不是一天炼成的，此处省略几百万字，或者省略更多。

标王

【释义】竞标中的最后获胜者，特指中央电视台黄金时段的广告主。

【例句】你说胡志标？知道，曾经的～！

俗话说得好，文无第一，武无第二。如果说，中国企业曾经有过一种"打遍天下无敌手"的荣誉，那就是"标王"；如果说，广告界曾经有过一种至高无上的经营业绩，那还是"标王"；如果说，现代汉语大家族里曾经有过一个来得快去得也快的概念，那么，仍是这个"标王"。

如今，好像没企业去争这个标王了。但在 20 世纪 90 年代有那么几年，在北京梅地亚中心，由中央电视台广告部组织的"标王大会"，颇类似于武林高手们的江湖对决，成败之间总是最后一人仰天大笑。角逐标王，比的是经济实力，数以千万元为单位的支票，竞相展示叫标的豪气。再豪气，豪不过中央电视台，在中国媒体业享有巨无霸的传播地位。而正是中央电视台广告部一位名叫谭希松的女强人，想出拍卖黄金时段的绝妙一招，从此使得企业江湖那么多事！

"我每天给中央电视台开进一辆桑塔纳，开出来的是一辆豪华奥迪。"当年标王姬长孔的这句话，已道尽广告的无限放大作用。你看 1997 年的"标王大会"，姬长孔为秦池酒厂喊出 3.2121118 亿元的投标金额时，一时震住了全场。没人知道秦池酒厂何以有那么多钱，也没人知道厂长姬长孔何以会喊出个密电码似的金额数字。事后，姬长孔乐了："我冲口而出的，是自己的手机号码。"这恐怕是迄今为止无人匹敌的最牛的一个手机号码了！

山东人的秦池酒之后，轮到广东人的爱多 VCD 了。又到角逐 1998 年标王的时候，广东中山人胡志标来到了梅地亚中心。有记者在竞标前发问："这回的标王，是不是志在必得？"胡志标的回答更是牛气冲天："夺不夺标，你看我的名字就知道了。"一个似乎专为标王而生的人物，就这样，有"志"者事竟成。

江山代有标王出，各领风骚一两年。1995 年，"喝孔府宴酒，做天下文章"，山东孔府宴酒一成标王天下知；1996 年、1997 年，是"永远的绿色，永远的秦池"；1998 年，"我们一直在努力——爱多 VCD"；1999 年、2000 年，"步步高 VCD，真功夫"，又是一个来自广东的企业；2001 年、2002 年的标王是浙江娃哈哈，叫响的是"非常可乐——中国人自己的可乐"；2003年，熊猫手机；2004年，蒙牛牛奶；之后，是宝洁……

看昨天的标王，思企业后来的起伏沉浮，真是让人百感交集。这个词语，也不容易，经过差不多10年时间的流行后，退出舞台时竟退得那么彻底。按照编纂和修订中的规则，新版《现代汉语词典》不考虑收录它，是有充分理由的。

公关

【释义】 公共关系的简称：企业或个人在社会活动中的相互关系。

【例句】 有困难？何不找找～？

流行词总在流变中，有流失的，也有变异的。像改革开放以后开始流行的人与人之间的互称，男的叫先生，女的称小姐。可现在，麻烦突然大了起来。闻称呼者，也许就会花容失色，甚至反弹一句："你才小姐呢!"这"小姐"，良家女子用得，性工作者也用得，真不知让人以后怎么称呼是好。

"公关"也是，流变中的歧义有二：一是等同于"攻关"，就是专拿糖衣炮弹去解决问题的人；二是夜总会里有点暧昧的那种角色，譬如"男公关"，到底是干什么的你就慢慢体会去吧。病毒入侵，防不胜防，我们多少原先纯洁无邪的好词语，就是这样被不清不楚地糟蹋了清白之身。

公关一词的最早出现，是20世纪80年代中期。在广州，中国大酒店、花园酒店、白天鹅宾馆、东方宾馆、白云山制药厂、南方大厦、广州经济技术开发区……这些得改革开放风气之先的企业和机构，都挂起了"公共关系部"的牌子。推开挂牌的房门，总有笑容可掬、落落大方的姑娘或小伙热情地接待你，为你解决所碰到的各种难题。这些姑娘和小伙，就是最早的公关了。

公关是舶来的产物。据有关资料，它最早见诸1807年的美《韦氏新九版大学辞典》，英文为public relations，简称"PR"。1903年成为专门职业，1923年成为一门学科，是社会组织为了生存发展，通过传播沟通、塑造形象、平衡利益、协调关系，优化社会心理环境、影响公众的科学与艺术。

公关观念的引入，使企业在社会活动中的形象变得很有亲和力。对于刚崛起的中外合作的星级大酒店来说，公关更是须臾不可缺少的企业形象代言人。在好多人心目中，公关似乎是无所不能的，来自香港的中国大酒店公关部经理常玉萍小姐就是个杰出例子。1987年春节到了就是虎年，时任中国大酒店总经理的德国人卜格先生突发奇想，希望酒店大堂会出现一只生生猛猛的真老虎给大家贺年。知道真老虎并不习惯星级酒店里的氛围及其过年的锣鼓声，动物园里怎么都不肯把老虎借出。

在公关小姐的思维里，没有做不到的，只有想不到的。常玉萍于是跑到中山大学的动物标本室，及时把真老虎（标本）弄到大堂，周围再布置些山石、茅草什么的，虎啸山林的气氛就全出来了。余下一个"生生猛猛"，该怎么体现？这难不倒公关小姐。常玉萍找到了剧团里做道具的专业人员，设计定做了一只卡通老虎，到需要的那天披挂在活人身上，果然"生生猛猛"！虎年来临，卜格先生见到自己的伟大创意由于公关的作用居然可以化为现实，别提多高兴了。

公关每日里随机应变，所做的事情当然不止真老虎"生生猛猛"拜大年这一桩。好多人最早知晓公关这个字眼，是"公关小姐"的连读（但没想到，"公关"和"小姐"这两个最时髦的词，后来都产生了变异），弄得以为公关职业只有小姐没有先生，这得益于22集电视连续剧《公关小姐》的热播。

主要取材于中国大酒店公关部的这部《公关小姐》，为当时的广东电视台所拍摄，送到中央电视台播放后广受好评，公关这个行业由此为全社会所认知、所关注。作为内地最早反映改革开放题材的本土电视剧，它甚至在当时的年轻人中掀起了时髦的公关热。

公关热如今已过。恢复平常心，再看公关在传播沟通、塑造形象、平衡利益、协调关系等方面的作用，觉得还是企业和个人在社会活动中所需要强调的东西。词义上虽有异化，真正意义上的公关仍是社会生活中不可缺少的组成部分。

品牌

【释义】 产品的牌子，特指著名产品的牌子。

【例句】 不能识别的不是～，可以识别却不能认同的，是失败的～。

有些事情，越描越复杂；有些词语，越解释越说不清。比如"品牌"。其实，翻开第5版《现代汉语词典》第1049页，释义简明扼要。

就这么简单吗？有人可能不相信从工具书导出的这个结果。也难怪，这个词语这些年一直很热，人们给予了它太多的附加意义。品牌专家认为，它可以是社会物质形态和精神形态的统一，也可以是现代社会的消费心理和文化价值取向的结合，也可以是企业及其产品过硬的产品质量、完善的售后服务、良好的产品形象、美好的文化价值、优秀的管理结果等等所形成的评价和认知。现在，十来个字的一句话，能说得清？

"品牌"二字，本身就包含了产品的名字、商标、质量和服务，还包含着由产品形象而延伸出的名称、图像、色彩、声音、符号等识别系统。不过，若不是搞改革开放，若不是与国际接轨，我们真不会过多地去注意、去研究、去发挥这个奇妙无比的词语。诸如品牌形象认知、品牌价值提升、品牌营销布局、品牌战略开发等，细细推敲之下，都大有文章可做。

品牌是一种无形资产，又是可以估价的，价值亿元不算高。体育用品、汽车、时装、钟表、化妆品、饮料……只要有产品，就有国际知名品牌。当产品成为知名品牌时，这个产品的认知度、美誉度、忠诚度以及偏好度，也就深深植根于世人心目中了。一场大火、一次洪水也许可以摧毁一片厂房，但无形的品牌却可以使有形的产品重生。

大凡跻身国际知名品牌者，似乎总伴随着世界竞技体育赛事和时尚界大事。比如说，意甲、英超、西甲、德甲、法甲等代表着世界足坛顶尖水平的联赛，基本上就是所有品牌打造者试图进入的场所，门槛再高也想试一试。足球堪称世界第一运动，世界足球的各种杯赛赚足了世人的眼球，也赚足了企业的钞票，企业在为足球烧钱的同时也成就了自己的品牌。改革开放 40 年，广东、广州足球恰恰也见证了一个个企业品牌的成名与沉浮。不知有谁还记得，中国足球迈开体制改革的第一步，中国足坛崛起的第一支由企业承办、以企业命名的球队，就源自得改革风气之先的广州？

最早在中国足球比赛场上亮出企业品牌的，是来自广州的"白云山制药厂队"，实情就是饮了与企业联姻"头啖汤"的广州足球队，时为1984年。伴随着那句著名的"白云山，爱心满人间"广告语，这支球队纵横驰骋于国内绿茵场，并且两度打入了甲A联赛亚军。接下来，先后披上"万宝""宏远"战衣的广东足球队，更是成为绿茵场上的常胜将军。40年来，留在人们心目中的与广东、广州足球联姻的企业品牌，还有太阳神、奇星、香雪、广药、日之泉、恒大、富力等。当然，最猛的让企业品牌举国响彻的一把火，烧自恒大。

最早知道恒大，好多人都是因为房地产。2010年3月，总部设于广州的恒大地产集团以1亿元买断广州足球俱乐部全部股权，广州足球俱乐部正式更名为广州恒大足球俱乐部。随之引进的郜林、孙祥、郑智等内援和孔卡、穆里奇、巴里奥斯等外援，一再打破中超球员的身价纪录。至2011年赛季，广州恒大队便创造了44场联赛不败纪录，提前四轮夺得中超联赛冠军，为广州足球首次捧起顶级联赛冠军奖杯。之后，又以更加不菲的价格引进里皮为首的豪华教练班子；再之后，又有斯科拉里、卡纳瓦罗这样的世界顶级教练来任教，广州球市不火爆才怪，广州恒大不连年出好赛果才怪。

恒大与广州足球的结缘，应该成为品牌成就的良好范例。君不见，好些人提起广州，首先就会想到广州有个恒大。换言之，恒大已成广州一张非常响亮的足球名片。其间其实发生了两个小插曲：一是由于阿里巴巴集团2014年6月增资扩股12亿，俱乐部已正式更名为广州恒大淘宝足球俱乐部，只是，球迷们在习惯上常省略"淘宝"二字而仍称"广州恒大"；二是恒大地产总部在2017年8月已搬迁到深圳，但只要是提到足球，那么这缘系足球的恒大品牌还是"广州恒大"。品牌认同的力量，很强大。

策 划

【**释义**】筹划，谋划。

【**例句**】我们的新产品没有理由卖不动的，你来~一下！

这个汉语词语很早就已存在。《后汉书·解陨器传》中载有"是以功名终申，策画复得"，"画"同"划"义。《晋纪》的记录中则已出现"策划"二字："魏武帝为丞相，命高祖为文学掾，每与谋策划，多善。"它的历史悠久，缘于其词义所指代的人和事很早就有。作为一种特定社会角色，它多少年来服务于建功立业，无非是有着策士、谋士、谋略家、纵横家、军师、幕僚、参谋、智囊等等不同的称谓而已。

一个古已有之的老概念，作为流行词而在 40 年间再次流行，得益于一本 1996 年 3 月出版的书。这本《谋事在人——王志纲策划实录》一经推出，即一版再版，且不胫而走，不仅创下了发行量高达百万册的记录，而且远销海外，甚至摆上了美国从东海岸到西海岸的不少华文书店书架，并为国内外 500 多家图书馆所收藏。书卖得最热的时候，多种盗版书也陆续登场。

这本畅销书所描述的成功故事，也唤起了社会上对策划这个行当的神往，以至于现在好多人一提这个概念，都误以为书中主人公王志纲是中国策划第一人。其实，所谓"第一人"得从历史上去寻找，诸如吕尚（姜太公）、范蠡、孙膑、诸葛亮等等，都是更早的策划中之高手。江山代有新词出，这个一度的热门词语，随时代的流变也在流变中。

得说说这本畅销书的作者了。他叫谭启泰，1985 年离开上海复旦大学的学术刊物编辑岗位，南下广州参与创办《南风窗》杂志。也许，"英雄莫问出处""说破英雄惊煞人"这两句话颇能说明他的非一般的过去。接触过他的人都知道，那敏锐的新闻触觉、娴熟的编辑技巧和深厚的理论功底，同行中无人不为之折服。当他发现了王志纲并决定为之写书时，书的畅销就是并不奇怪的事了。非常让人痛心的是，书出版那一年，他因癌症突然告别了人世。

有一句俄罗斯作家的格言为谭启泰所十分喜爱，"风，吹灭了蜡烛，吹旺了篝火"。正所谓一语成谶，他在一个与"风"相伴的岗位上殚精竭虑，"蜡烛"熄灭的同时，吹旺了《南风窗》要做中国最具影响力的新闻杂志的事业，也吹旺了以王志纲为代表的策划传奇。

策划一说，如今已蔓延到了多个领域。无论房地产，无论传媒业，只要说到有什么"搞不掂"，"策划一下"几乎就成为可以"搞掂"的万应灵丹。以新闻出版业为例，如果不懂这个词，够不够新闻出版专业的从业资格，似乎都值得考虑。凡是期刊，出版前的选题会往往也叫策划会，而其中最重头的栏目或版面，有时干脆就取名"独家策划"或是"策划"。哪怕不取这个名，其拳头产品，往往还是由这个词的思想方法而来。

创刊于 1984 年 4 月的《南风窗》杂志，本身就是社会策划的实践者。从创刊号出街那天起，就推出了"《假如我是广州市长》提建议有奖活动"，扉页上的第一句话，是时任广州市市长叶选平所强调的，"让那些从'0'开始的人说话"。当广州人纷纷从"市长角色"去为城市发展建言献策时，一本"立体办刊"的新潮刊物就润物细无声般的受到了满城关注。接下来，一批批获奖的"假市长"被邀请到市政府，与真市长一起参与到管理城市的行列里。真假市长的次第登场，成了那一年非常热的城市话题。

融办刊实践于社会活动之中，在共同关注的社会热点中形成与读者互动，是当年的《南风窗》甫一问世就迅速赢得发行量、扩大影响力的法宝。究其实，策划然后创新，亦是广东媒体 40 年来屡创新优势的生命力所在。

资深

【释义】 阅历丰富，资格老。

【例句】 ～美女、～帅哥次第登场。

人是否"资深"，情况完全不同。你看资深经理人、资深音乐人、资深传媒人、资深撰稿人、资深广告人，还有资深律师、资深网民、资深股民、资深基民、资深球迷、资深票友、资深文案、资深销售、资深行政等等，无不表示着各种职业角色因其丰富的阅历和经验而值得同行的尊重。

"资深"一词，本身亦资深。早在 2000 多年前，孟老夫子已提到这个词了。"居之安则资之深，资之深则取之左右逢其原"，这是《孟子·离娄下》中的记载，而在明朝李东阳和王守仁的著述里，都能查阅到"资深"，《邃庵解》便有"彼居安以资深，亦引伸而触类者也"的句子。《传习录》里，则记有"而竟亦未有居安资深之地"。古人的有关提法，应不止这些。

或是人，或是事，资深者总是让人油然而生敬意。不过，把资深说得那么热、那么"资深"，却似乎是这 40 年来才发生的事情。本来，资深是一壶老酒，越品越醇。当这个社会在强调资深的时候，就包含着对时间所沉淀下来的价值的重视。所以，今天的人们才会纪念改革开放 40 年，而改革开放之初的宝贵记忆才被一遍遍勾起。

当阅历和经验被冷落在一边的时候，人们也许体会不到那壶老酒的醇香到底好在哪里。但每在关键时候，资历会让行为本身少走好多弯路。不是说事物是螺旋式发展的吗？资历恰恰在螺旋式往上提升的关节点上，用了一下该用的力，那是多少年历练才修得的功力啊！

广州有一座南方大厦，资深二字用在它身上是肯定合适的。时光若是回到三四十年前，俚语都在说："不到南方大厦，不算到广州。"南方大厦多少年来名气很大，是因为它作为华南地区最大的百货商厦，是人民群众的物质生活水平提高到何种程度的一种展示。它崛起于 1917 年到 1918 年间，前身叫做大新公司，上世纪 20 年代就是百货行业的"华南老大"。1938 年，它毁于战火，1954 年后，由广州市人民政府拨款重建，更名为南方大厦，这以后一直业绩骄人，在全国十大百货商店中一度排名第二。这样一追溯，它确实资深，而且接近"百年老店"级别。

改革开放后，南方大厦的名气更是有增无减。不应忘记改革家邓汉光。1979 年被任命为南方大厦经理的他，一上任就频频推出改革举措。一是"开门迎宾"，每天上午 8 点 30 分刚开店门，值班经理和售货员都会在门前两旁微笑站列，夹道欢迎第一批到店的顾客；二是"顾客评店"，企业好不好全由顾客说了算；三是"站立售货"，即把售货员原有的凳子撤掉。今天人们看来习以为常的事情，于南方大厦来说则是领了全国百货行业的风气之先。

想想看，经历过"人与人斗，其乐无穷"的十年浩劫，大家是多么希望看到更多的春风和笑脸啊！当南方大厦让服务员的微笑伴随早晨第一缕阳光，绽放在开门迎客的那一刻，广州街坊于是纷纷奔走相告，就为看看笑脸，也愿意多来几趟。微笑待客、站立待客，顾客还可以对服务问题"说三道四"，那时虽没有"顾客就是上帝"的说法，但"服务第一""顾客第一"的经营理念已在南方大厦的改革举措中深入人心，并在全市乃至全国商业系统蔓延。

作为全国商业系统第一批改革扩权试点企业之一，南方大厦每出新招都惊动四方：设立顾客休息室，推出导购小姐，实行大件商品免费送货上门，推出电视机、洗衣机、电冰箱"三大件"预约上门维修服务，在广州市开出首家 24 小时便利店，率先在市内大面积开架售货，等等。到 1983 年，南方大厦在邓汉光的带领下生意蒸蒸日上，每天的营业货款据传已多到银行都数不过来的地步。

南方大厦那时已经很有战略眼光。自 1985 年开设南丰商场这一当时海珠区最大的百货商场，一直致力于把企业做强做大。后来，又在国内率先推出大型货仓式批零自选商场"广客隆"，以相对低价的"广客隆现象"而震动商界。之后，"天贸南大"作为现代 MALL 天河城的主力商场模式，也得到业内的效仿。

资深肯定不是错。南方大厦后来在经营业绩上的一落千丈，所犯错的原因绝对与资深无关。今天再去说资深，总是让人浮想翩翩，往事不堪回首！

抓手

【释义】工作中需要把握的切入点、着重点。

【例句】农民经济合作组织是新农村建设的重要～。

新版《现代汉语词典》没有把它收进去。没有收进去不等于不重要、不流行。现在从事文秘工作，若不懂这个词肯定是个思想落伍者，应不胜任其工作岗位。

凡交通工具都有"抓手"，手"抓"在上面，整个人就有了依托，就不必担心行走时的颠簸了。广东改革开放先行一步，有幸作为全国对外开放的窗口和改革的试验区，那时这个词虽没有出现，但不等于可以不讲抓手。"摸着石头过河"，那河底的石头就属于抓手。今天，走过风风雨雨40年再回首，人们在观念上的先行一步就是个成功的抓手。

1979年4月，香港实业家霍英东先生与广东方面签署了共同兴办白天鹅宾馆的协议书。白天鹅宾馆是中国第一家自己设计、自己建造、自己管理的合资宾馆，该协议书也是我国在改革开放之初提议建设的四大城市八大宾馆中的第一份协议书。可是，因为思路上所出现的一些大的差异，霍英东先生一度感到十分无奈。

广州要建造一座高级涉外酒店，这还是中华人民共和国成立以来的头一回，项目自是引起了方方面面的关注。有部门提出，要有"备战备荒为人民"的意识，楼顶阳台要建高射炮台。还有部门提出，宾馆旁边一定要建一个大的职工宿舍。身处计划经济时代，什么事情都由单位包，宾馆那么多员工，全都要安排职工宿舍。因此，有人就说要建大大的自行车棚。这一切，跟海外的投资理念差异何其大也！让人家住进炮台里面去，还看见旁边有个又大又破的职工宿舍，门口全堆满了自行车，涉外宾馆怎么开？关键时候，还是中央的叶剑英元帅出面，给予了霍英东先生最有力的支持。

白天鹅宾馆开张之日，霍英东先生作出了一个今天看来平常不过、那时候却是满城轰动的决定：敞开大门，向老百姓开放。"开放"第一天，闻讯而来的市民扶老携幼、争先恐后，结果把宾馆的玻璃大门也挤破了。宾馆后来清扫出那天在现场被挤掉了的凉鞋和拖鞋，居然有几箩筐之多。许多人为自己第一回置身于如此富丽堂皇的环境而惊讶不已，殊不知这正是对人人平等的一个观念上的抓手的首度触摸。

几乎是差不多的时间段里，花园酒店和中国大酒店也相继签约、动工、开业。这三家中外合资大酒店在广州的崛起，是广东改革开放中的标志性事件，由此在服务、管理、用工等方面所带来的观念上的强烈冲击，可以说是颠覆性的。三家中外合资大酒店以其完善的服务设施和优质的服务水准，很快被国家旅游局列入全国首批五星级宾馆的榜单。

广州这座现代化城市在 40 年的发展中，就是这样以白天鹅宾馆、花园酒店和中国大酒店为硬件抓手和观念抓手，在引进外资、引进国际先进的酒店建筑技术、引进国际酒店的先进经营管理理念的同时，迅速发展了自己。

好人

【释义】品行好的人。

【例句】 ～一生平安。

"一座城市、一个地区的文明程度，不是看它有多少高楼大厦，不是看它创造了多少 GDP，而是看它拥有多少好人。"知名老作家金敬迈这样认为。已故著名漫画家廖冰兄生前则表示："我什么党也没有加入，我只是好人党。"

广东多好人。按福布斯 2005 中国慈善榜的统计数字，广东的刘志强、翟美卿夫妇以 6460 万元的年度捐款名列榜单第二。夫妇俩创办的香江集团，还成立了民政部批号是 001 号的第一个国家级私立社会救助基金会，决定把好人做到底。在改革开放中先富了起来，不少广东富人其实都会像刘志强、翟美卿夫妇一样，想到非公企业的一份社会责任。

广东人生性乐善好施，无论贫富、无论职业、无论信仰。家住广州市观绿路的陈海南老伯也是好人。陈伯每天爱读报，读到谁谁需要救助的消息，就会毫不犹豫到邮局填写一份汇款单。一次在医院候诊时读报，见七株榕小学一年级学生李婉微患了高危型淋细胞白血病，急需万元医疗费，因为其父是失业残疾人，母亲是外来临时工，一下子真的是一筹莫展。陈伯想，七株榕小学与自己同属一个社区，于是病也不看了，立马往居委会赶去，捐出 1 万元救孩子的命。后来，陈伯再次捐出 1 万元，说要给孩子做后续治疗。广州日报社一位记者去采访陈伯，惊讶地发现其生活状况基本上可划入贫困行列，平时省衣俭食，省下来的钱全用来"穷帮穷"！

要评价今日的广东民情民风，"好人"一词已很有代表性。说到自诩"好人党"的廖冰兄，为了帮助弱小，还运用自己的名气来进行"名权交易"或"名钱交易"。他认为，这比那些谋私的"权钱交易"光彩多了。作为在全国美术界享有盛名的人物，他有一天"发现了新大陆"："我发现被人吹大也有好处，可以利用自己的名气为小民百姓办事。"

在廖冰兄的女儿廖陵儿的童年记忆中，父母就经常谈论怎样帮朋友的事情。她还记得儿时的住处有个卖食杂的小贩，多病、家贫，父母不时拿些钱、食物与衣服给那家人。即使是父亲被打成"右派"的时候，也念念不忘给亲戚朋友寄些钱，一分钱掰成两半用，颇有"穷则兼济天下"之风。有些人以权谋私，廖冰兄则以名气为人谋利。他经常要帮的，都是一些素未谋面的弱者。只因作品慕名者众，他说自己正好"骗富"济贫。只要能扶贫解困，他都乐意写写画画，名曰生产制造"擦鞋纸"给人拿去公关疏通。

2004年8月，广东省民政厅批准广东人文学会廖冰兄人文专项基金管理委员会成立，其启动资金由廖冰兄捐出。该基金会是为人文事业特定的公益目的所设立的非营利性组织，接受社会人士的捐赠。廖陵儿说："基金会的成立，是要打正招牌干。一是为了实现父亲的愿望，二是希望有更多的人、更多的资金投入到慈善事业中。"2004年12月，廖冰兄获得由中国文化部颁发的第三届"造型艺术成就奖"。所获得的3万元奖金，他以基金会的名义，通过广州市慈善会，全部捐赠给了受印度洋海啸袭击的南亚和东南亚灾区。

"在临走的时候，拿得越少越好，留下一些有意义的东西，会死得很舒服。"这是廖冰兄的意愿。2006年7月8日，廖冰兄已在弥留状态，家人把他所收藏的几乎全部名家字画拿出来拍卖，为慈善事业又筹得款项约74万元。"我的钱生不分给儿孙，死不带进棺材，用钱多做点好事，多帮点好人。"

2006 年 9 月 22 日晚 9 时许，好人廖冰兄因病挥别人间，享年 91 岁。"不开追悼会，也不搞遗体告别仪式。"根据廖冰兄的意愿，他的丧事从简，灵堂就设在家里，亲人和朋友都在家里悼念。好人走了，唯一能留给家人的，只有好人品牌。女儿廖陵儿说，廖冰兄基金会愿为帮助弱小，把好事一路做下去。

平台

【释义】进行某项工作所需要的环境或条件。

【例句】这本刊物为大家提供了一个学习~。

我们今天说话、写文章，一不小心就会蹦出"平台"两个字。

事实上只要打开电脑，往往会与微软的 Windows 发生关系，这就是进入了一个平台。哪怕是不用微软，总有一款平台扯上你。电脑上各种新开发的办公系统，也是平台。其实，大凡进入一个电脑页面，就与所有进入这个页面的人共享一个平台了，或共享信息，或产生互动。而对于电脑游戏的玩家而言，它可以是"对战平台"，即为很多支持局域网联机对战的游戏提供一个可以在互联网上对战切磋的平台；也可以是"模拟机平台"，这可理解为为了在 PC 上运行其他平台（如电视游戏机）上的程序而使用的一个模拟该平台工作环境的模拟器。

如果按照旧版《现代汉语词典》的老一套注释，平台就是"晒台"和"生产和施工过程中，为操作方便而设置的工作台"。不过，新版词典加上了"指计算机硬件或软件的操作环境"和"泛指进行某项工作所需要的环境或条件"这两项。就词典上的后一项注释而言，证券买卖中还有"大宗交易平台"这一说法，一般是指交易规模，指交易的数量和金额都非常大，远远超过市场的平均交易规模。倘用运行电脑的思维去看平台，会觉得这个词几乎能够涵盖工作和生活的方方面面，不同的平台可让人发现自己的各种能耐。

对于中国工程院院士、中山大学生命科学学院教授林浩然来说，其人生增值的平台源于走出国门。1979 年改革开放的第二年，作为中国改革开放后第一批公派出国的访问学者，他来到加拿大不列颠哥伦比亚大学和阿尔伯塔大学留学。两年后他学成回国，与加拿大的彼得教授在"鱼类送子"的基础理论方面继续合作研究，促成了国内投入生产的"新型高活性鱼类催产剂"，对各地近几年鱼类养殖产量的提高，所起到的作用是颠覆性的。由于装催产剂的小塑料管形状像一颗小小的导弹，受惠者于是惊呼："林院士引爆了一枚'中大导弹'！"

进入新世纪，林浩然领衔的中山大学水生经济动物研究所又大展拳脚。结合学科发展趋势和水产养殖的实际需要，其研究对象由淡水养殖鱼类，逐步扩展到海水养殖鱼类。在石斑鱼人工繁殖和苗种培育技术研究方面率先取得重大突破，所建立的石斑鱼人工繁殖系列支撑技术，实现了斜带石斑鱼苗种的规模化生产。根据 2005 年的统计，得益于该技术的推广应用，广东全省石斑鱼网箱养殖面积达到 84 万平方米，石斑鱼产值达到 54.9 亿元。一种石斑鱼，经济效益就如此惊人，还有鲩、鲫、鳊、鲮、鲶、鲟、鲈、鲂、鳗、鲷……全国各地这些年来受惠于林浩然技术而养殖的各式咸、淡水鱼类，所产生的经济效益以十万亿元计。

"我选择加拿大作为中国打开国门后寻觅科学知识的第一

站，是因为知道那里集中着世界上最出色的鱼类生理学家，而所选两所大学因鱼类生理学研究都闻名于世。"林浩然曾经告诉来访的记者："基础理论研究上的取得突破，才使我如鱼得水，拥有了一个可以为丰富肉菜市场需要而不断创造经济价值、同时实现人生价值最大化的科研平台。"

选择很重要，平台很重要，改革开放很重要。

炒作

【释义】为扩大人或事物的影响而通过媒体反复做夸大的宣传。

【例句】她又传绯闻啦？肯定是为新片上映的新一轮～。

2008 年 7 月 6 日，《新快报》报道了事涉美女的两则新闻——

美女新闻之一：北京奥运临近，火炬继续传递。一个叫米亮的美丽湘妹子引起了许多网友的注意。奥运火炬传到哪个城市，米亮就跟着跑到哪里，俨然一位"中国版女阿甘"。从火炬传递到现在，40 多个城市，她跟随火炬跑了 30 多个！在跟随火炬的过程中她还参与了为灾区捐款活动、看望灾区儿童，被网友们称为"最美丽湘妹子"。不过也有一些网友质疑事件的真实性，怀疑她是故意炒作，借奥运圣火迅速出位。据悉，米亮是一个歌手，曾经演唱过不少电视剧的主题歌。

美女新闻之二："5·12"地震发生后，鲁靖请缨赶赴地震最严重的北川、绵阳、都江堰等地，做抗震救灾的志愿者，曾经历生死考验从未退缩，被称为"抗震美女"。她回京后曾闭门大哭 3 天，后在博客发表惊人言论："嫁人就嫁'范跑跑'！"据她陈述："'范跑跑'是现代男性的典范，在这个被谎言充斥的世界，'范跑跑'是真实的。""不能要求每个人都做英雄，'范跑跑'的反应是正常人的反应！没有亲历过那场灾难的人，都没有发言权！"鲁靖的言论，自是遭到了网友们的猛烈炮轰，并不忘谴责其旨在炒作的动机。

不一样的美女，一样的炒作。但不管网友怎么评说，米亮和鲁靖，两个美女的出位言行及其形象都被媒体注意到了。这只是我们生活中随意一天所注意到的话题。炒作这个流行词，则越炒越热、越热越炒，褒褒贬贬、贬贬褒褒，为大众所热说。明星总要炒作，平常人也想炒作；新闻可以炒作，网络上更可以炒作。

何谓炒作？炒作过程其实就是一种传播过程，就是一种博取注意力的过程。"炒"字本是烹调术语，粤语所谓"够晒火候""整色整水"，就是炒出一桌子好菜的名厨技艺；"作"，可理解为有所作为。只不过社会舆论总将一些不好的案例往炒作上面套，把它说成一个贬义词。

其实，具体问题还要具体分析。芙蓉姐姐、天仙 MM 就是成功炒作的案例。她们在整个炒作过程中并没有伤风败俗，没有扰乱社会治安，没有涉嫌黄赌毒。在此之前她们都是平常人，如果不是靠炒作，连一个成功的机会都没有。现在时兴讲以人为本，其实，让想成功的人都得到成功的机会，也是以人为本的一种。

从为人的本性来说，广州人一般不爱炒作。但为了生存和发展，适度的炒作也是与时俱进的手段。曾经同样从事影视制作，邓建国、宋祖德都是名气很大的"炒作大王"。邓建国炒得早一点，宋祖德后来热一些，出发点都是希望热卖其影视产品及书籍。大家都爱说注意力经济，注意力的前提确实离不开炒作，紧紧跟随注意力背后的却又是盆满钵满的收益所在。

出在广州的"炒作大王"，木子美算是成名较早的一个。所炒作的，是"身体写作"。她原先在广东某媒体从事编辑工作，2003 年 6 月 19 日起，在网上开辟了一个小空间，发表私人日记。在日记中，她记述了与不同男性之间的性爱经历，并把日记冠名为《遗情书》，由此一炒而红。木子美之后，广州还出过一个"竹影青瞳"，同样是因为"炒身体"而备受关注。不过，事情发展到今天，"身体炒作"者已层出不穷，想这样炒红应不太容易。

现如今，还是注意每天的网络媒体吧，一不小心，又是一个炒作。

非典

【释义】非典型肺炎的简称。

【例句】抗击～的日子里，谁是最可爱的人？

这是一个确证最早发生地就在广州的非典型词语，这又是一个"普通话南下"而被事情发生地所接纳的典型词语。广州人一度叫它"沙士"，然后又改说原版的"SARS"，有感于说法上的东西南北不统一，最后由第 5 版《现代汉语词典》一锤定音：非典。

那就非典吧。2003 年春，由支原体、衣原体、军团菌、冠状病毒等引起了一场席卷中华大地的传染性肺炎，因为临床症状不典型，专家们把它叫做非典型肺炎。最早记录在案的病情，是 2002 年 11 月 16 日的广东某地。但传染源在哪里，则至今没有人说得清。随着病毒的侵入，一些地方出现了抢购板蓝根和食醋的狂潮。2003 年 2 月 9 日的统计数字表明，广东全省共发现 305 例非典病例，其中死亡 5 例。

2003 年 3 月 25 日，广东省中医院护士长叶欣殉职，是抗击非典战斗中第一位被患者传染而牺牲的医务人员。为抢救患者而奋不顾身、最终倒下的医务工作者，后来还有邓练贤、陈洪光、范信德。在那些悲壮的日子里，广州人记住了这些抗击非典英雄的名字。广东省中医院二沙岛分院，很快塑起了由著名漫画家廖冰兄倡导并题字、著名雕塑家唐大禧雕塑的叶欣塑像。叶欣等四位勇士的塑像后来又塑在了广州雕塑公园，以供广州人世世代代缅怀。

到 2003 年 5 月 18 日至 31 日，广州新发非典病例持续为零。历时 100 多天、历史上从来没有听说过的非典病魔，就这样被缚住了。广州抗击非典一役，无论是在精湛的医疗专业技术上，还是在临危不惧、众志成城的精神风貌上，表现都尤其突出。广州医学院附属第一医院呼吸病研究所所长、中国工程院院士钟南山，以医者的妙手仁心挽救生命，以科学家实事求是的科学态度应对灾难，那一年备受国人瞩目，并入选 CCTV “感动中国十大人物”。

在抗击非典中感动中国的，其实还有许多知名的或不知名的医务工作者。时为广州市第一人民医院护士长的张积慧，是其中一个。中央电视台的《面对面》节目，继采访钟南山之后，又盯上了广州市第一人民医院的护士长张积慧。

“上午我去天河城购物，11 点 30 分手机突然响了，医院护理部冯主任在电话里说：医院要成立一个非典型肺炎的病区……"
这是张积慧 2003 年 2 月 15 日日记中的第一句话。从那天开始，
她连续 46 天写下的日记，记录了面对非典的突如其来，医护人
员临危不惧、舍生忘死、救死扶伤的真实状态。她临危受命，
担任医院非典临时病区护士长。

"直到晚上 9 点多钟，我们才拖着疲惫的身躯回到办公室，
此时已经没有力气多说一句话了……待拿出手机来看时，几个
姑娘的手机出现了这样的留言：'亲爱的，你忘了今天是什么日
子吗？情人节！''你在哪里？我的玫瑰花一直在寻找你，请快
点现身吧！'" 2003 年 2 月 15 日是农历正月十五，是中国情人
节，可危难关头，医护人员只能把亲情爱情全都暂抛一边……

日记后来被《人民日报》大篇幅刊载，随后又由广东教育
出版社结集出版。时任中共中央政治局委员、广东省委书记张
德江为书作序时写道："从感人肺腑的《护士长日记》中，从广
大医务人员在这场重大考验面前的英雄壮举中，从无数人在平
凡岗位的默默奉献中，我们看到了伟大的中华民族精神在危难
中奋起和升华。"

张积慧这部记录了抗击非典的日日夜夜的《护士长日记》
手稿，现由广东省档案馆收藏。她在日记中感慨，医护人员这
个群体，平时默默无闻，但每到危难关头总是挺身而出，用自
己的无私无畏去让社会重新得到安宁、和谐。这与几年前由非
典突发而折射出的医德、医风、医格，太相似了。

回想 2003 年 2 月 20 日，在进入非典临时病区的第六天，深
深被同行感动的张积慧整整思索了一个晚上。她希望用几句话，
去概括医护人员这个群体。她把所想到的，写在当时的日记上：
"把方便留给别人，把困难留给自己；把幸福留给别人，把痛苦

留给自己；把安全留给别人，把危险留给自己，一代传一代，直到永远。"她表示，只要置身于医护人员这个群体中，人人都会像这几句话所描述的那样去做。

一切一切，诚如汶川大地震中一位医务工作者所说的话，遇到灾难，有两种人必须往前冲：一种是穿绿衣服的，一种是穿白衣服的。

股民

【释义】从事股票交易的个人投资者。

【例句】我是个老~了，属兔子的。

有一个地方——

"宝马进去，自行车出来；西服进去，三点式出来；小伙子进去，老头子出来；老板进去，打工的出来；富翁进去，叫花子出来；别墅进去，草棚出来；人才进去，饭桶出来；坐火箭进去，坐潜艇出来……"

若是有谁读到上述段子，还不知道讲的是什么，那么，恭喜你，你还不是股民！不过，现在仍洁身自好、不沾股市的中国人，还多吗？哪怕不是股民，当一个股民家属，那可能性还是很大的。大凡后缀一个"民"的现代汉语词语，肯定属于数量非常大的一群人，比如说，农民、牧民、渔民。又比如说，网民。2017 年 8 月 4 日由中国互联网络信息中心（CNNIC）发布的《中国互联网络发展状况统计报告》显示，中国网民规模达到 7.51 亿，手机网民则达到 7.24 亿。如果说，网民寄托的更多是人们对信息、沟通、表达等方面在精神层面上的迫切需求，那么，股民展现的则完完全全是物质层面上的财富增长欲望。与网民一样，股民作为流行词还是个新生事物。它真正在大范围的人群中流行起来，也就是近几年间的事。

尽管股票的历史可上溯到几百年前，可建国后的中国人与它打交道，还是在上世纪80年代中后期。与上海同步，深圳是先行一步的试水者。可当时没几个人会看好这张说是能够"钱生钱"的"纸"。却说1987年5月，从信用社基础上改制成股份制银行的深圳发展银行，首次向社会发售人民币普通股79.5万股，忙乎了几个月，发行计划完成还不到一半。深圳的第二只股票是1988年的万科，虽说通过个体劳协反复宣传股票的投资意义，可个体户不耐烦了，说不用讲大道理了，干脆说明白每人摊派多少就得了。

1990、1991这两年是个转折点，上海证券交易所和深圳证券交易所先后成立了。个人投资者的观念，开始在一部分人的心目中确立。1992年8月，全国各地上百万的投资者突然间都涌向深圳，因为新股抽签表在8日、9日这两天发售。大家日夜兼程，公共交通工具根本就满足不了需求，长沙到深圳的火车票从100多元一下子炒到了七八百元。最早沾股票的，据说都发了财，跃跃欲试者焉能不多？

应该说，股票投资在我国尚处于初级阶段，无论是政府的监管还是股市的组织、券商的运作及上市公司的经营，都有待于进一步完善和规范，股市还处于经常性的暴涨暴跌之中，其投资风险很大，做股民之前，人人都要掂量一下自己的能力、财力、精力和心理承受能力。可是，大小"杨百万"般的发达案例，总能吸引新股民的加入。

猪年爱猪，鼠年爱鼠……就股民而言，最爱是牛，不是牛年也爱牛。2006、2007 这两年碰上牛市好时机，新入伙的股民排山倒海，几乎所有人都相信成为股民才能规避物价上涨的风险。有人谆谆教导落伍者：不要以为股市充满着风险，其实不入市者风险更大，当大家的钱都翻了番，不入市的你就拉开差距了！总之，这一年里，三五人聚在一起，三五句话不到，就绕到与发大财有关的股市话题上来了。所听到的，都是谁谁放股市的钱翻番甚至翻几番的消息，谁不心动?！

但是，接下来的十年，股市跌宕形势牵动股民心态有如翻江倒海。然而，有从此金盆洗手的前股民，也有看准入市的新股民，更有百折不挠的老股民。总之，心理上不曾有过或大喜或大悲的强烈落差的，也许不算是真正的股民。

老赖

【释义】有意拖欠别人财物不还的人。

【例句】谁能帮我找到这个～，我付他 5 万元奖金！

"请问，贵姓?"

"免贵，姓赖。"

"噢，老赖！"

"你才老赖！"

最平常不过的一次对话，只因为其中一方姓赖，居然就搞出了一场不愉快，这真是不知从何说起！没办法，"老赖"的名头太响了，悔教托生赖姓家。新版《现代汉语词典》没有把它收录进来，是不是担心姓赖的都不高兴，就不得其详了。

学得缩写法，"老是赖账"就成老赖了。老赖是商业往来中屡见不鲜的一种现象，货到了，货款却成了长命债，千催万催就不来。更要命的，现在世界上真不知道究竟谁怕谁，收不到钱的，反而得小心翼翼向赖账的赔不是。谁当老赖，谁就是大爷。

广州人普遍认识这个普通话词语，是与认识刘盈福的真实面目联系在一起的。上世纪80年代，刘盈福以港商身份回到广州投资，创办了广州市英利贸易公司，公司后又改名为广州市银利贸易公司。因为他进行了大量的捐赠活动，1993年被授予"广州市荣誉市民"的荣誉称号。他所获得的一批荣誉，甚至包括了中国足球协会副主席。他一度是新闻媒体上频频曝光的风光人物，第一次出现的负面新闻则因为当老赖。

基于老赖现象的普遍存在以及执行难问题，1998年6月，广州市中级人民法院决定在媒体上将一批长期赖账不还的"老赖"曝光，结果，刘盈福以1.7亿元的债务位居112名老赖榜单之首。在刘盈福随后的财产申报中，法院才发现他已是资不抵债。人们不解的是，他何以要在频繁的捐献中许下那么多的空头支票，由此留下老赖的骂名？

与刘盈福同时曝光的广州市首批老赖名单中，还有一个知名人物名叫陈展鸿。作为广州较早崛起的知名服装个体户，他曾经打造了一个一度街知巷闻的"壹加壹"品牌。第三届"广州市十大杰出青年"、"全国优秀青年企业家"等光环，也曾落在他头上。当他以欠债3748.5万元出现在广州中级人民法院公布的赖账者名单上时，社会一时哗然。

遥想1985年元月的广州友谊剧院，由陈展鸿等几个个体户出资搞起的时装表演，成为那时轰动全城的一个新潮话题。这以后，他做企业的独到举止不时被传媒所关注。比如说，第六届全国运动会1987年在广州召开的时候，他从中觅到了商机，大胆买下了全运会会徽在圆领衬衫上的使用权，并且与几家新闻单位合作承办发行全运会奖券。私营企业用此绝招，当时真的闻所未闻。他的企业由服装起步，接着转向酒楼、电器、学校等多元化的经营，一心要把企业做大。只是，资金周转上由此捉襟见肘。他于是尝试非正常渠道融资，最终无法偿还，唯有一走了之。他和他的"壹加壹"，瞬间走向湮灭。

一般来说，债权人起诉还钱、法院判决还钱、被告履行法院判决，这是解决欠钱问题的最简单方法。但现实情况绝非那么简单，所以才有各地法院张榜公布老赖名单的举措。听听那些辛苦讨债的民工的声音，看看那些围堵在企业门前讨要工资的职员，想想那些不惜性命而冒险玩"跳楼秀"的人们，可知老赖现象已成影响社会安定的一个重要因素。为了对付老赖，人们不得不处处小心设防。老赖还直接影响到债权人的资金周转，搞得债权人也得靠当老赖来应对其他债权人，"三角债"的恶性循环由此而生，使正常的经济交往大受影响。

前段时间，媒体又传出人在海外的陈展鸿在广州登报寻人，试图偿还当年债务的消息。由此可证，有些老赖之所以当上老赖，还是迫于做人的无奈，其实良心还在。但更有些老赖，其成为老赖实属人品恶劣原因，总之具体老赖还是要具体分析。

单位

【释义】指机关、团体或属于一个机关、团体的各个部门。

【例句】你在哪个～工作？

这一个词，最不好判断是否应归入 40 年流行词。不过，本书所涉及的一批流行词语，无不依托这个母体词语而产生：打工、下海、下岗、万元户、大锅饭、炒鱿鱼、炒更、猎头、白领、SOHO、资深，等等。若不是对应着一个"单位"，就没有40年来那么多流行词语的各自各精彩。

述及"普通话南下"，这个词老早就南下了。奇就奇在，源自计划经济年代的这一个词，市场经济条件下还在流行，而且有可能永远流行。我们都有过这样似曾相识的经历：头一回带男（女）朋友回家，父母问的第一句话往往是："在什么单位？"而人在旅途，陌生人交往的第一次问话，一般也是从"在什么单位"开始。

这个词语能不重要吗？多少年来，单位在中国，不仅意味着单位人的工资和福利，更是人们从物质生活到精神生活的所有来源。过去有一句话叫"女怕嫁错郎，男怕入错行"，那入错的"行"，基本上指的就是单位。单位过去是什么都包的。如果说，人人头上都顶着一片天，那么，单位就是最为直接的这片"天"了。

不少老同志填写工作履历时会发现，"单位"二字也许就涵盖了这一辈子是怎么走过来的：在单位领第一份工资直到退休，在单位识得女朋友，在单位结婚而且结婚时还要向单位打个报告取得同意，住着单位分的福利房，在单位分到劳保用品以及清凉饮料，享受单位的公费医疗，儿子在单位的附属幼儿园长大，儿子长大了还进这个单位……说回老同志自己，至今还从单位领着退休金，逢年过节还回单位参加团拜活动并领取慰问金。

改革开放40年，社会从计划经济向市场经济转型，"单位"二字的词性词义不可避免地也在转型中发生变化。对单位人的生老病死全包的情况，有可能会把单位本身也拖垮。改革中最大的改变，就是单位的福利分房不会再有；最小的却是非常深刻的一种改变，是结婚再不用回单位写证明了。还有医疗保险、养老保险、失业保险等社会保障制度的相继出台，使计划经济年代遗留给单位的最后福利，在一步步地取消。但无论怎么变，一份稳定的工资收入和各种保险的定期缴纳，使单位这个词仍为大多数人所希望拥有。

身处转型期的社会，"女怕嫁错郎，男怕入错行"仍未过时。作为女人来说，嫁对了，就走了捷径，也许可以少奋斗30年。嫁对的和不曾嫁对的女人，其实和男人都一样，如果到了一个好单位，无异于好命运选择了自己。就男人女人共同的价值取向而言，无论未来作何新选择，单位所打下的专业基础、人脉关系等，都可以受用一生，甚至福荫子孙。

不过，单位一词在改革开放中的广州，主要还是认识上的全新调整。单位人同时又是个社会人。每个人都相信，从来就没有什么救世主，要创造从衣食住行到事业追求的全部幸福，归根到底只能靠自己。

零距离

【释义】距离非常近。

【例句】我终于与我的偶像实现了～！

零距离是个什么距离？若要用科学的态度来对待、去较真，这个词语是不可能成立的。实际上，当好多人说与谁谁零距离时，并没有紧紧贴在一起，半丝以上的空隙还是有的。

喜欢就是硬道理。当大家像发现新大陆似的发现了一个新词，然后竞相从口头到书面去进行义务传播，就没有必要去死抠字面上的不严谨了。零距离，说的是挨得很近很近，这就够了。更何况，心与心的距离，肉眼是看不到的，为什么就不可以零距离呢！

有感于这个词的受欢迎，香港的音乐人专门为谢霆锋创作了一首就叫《零距离》的歌。江苏电视台城市频道从 2002 年起开播的一档大型民生电视节目，名字就叫《南京零距离》。就连 2007 年嫦娥卫星发射这么专业的领域，也说要"达到零距离发射"（有专业人士解释，那指的是发射时间端）。

零距离，零距离……它寄托着使用者对接触、了解、沟通、贴近中消除距离的极大愿望。就像所有新词一样，它应该有第一个使用者；但又像所有新词一样，它不可能有真正的著作权人。没有大众的参与传播，就没有它在语言世界的被承认。不过，从它终于被社会所惊讶地发现，然后广泛使用，则又是广东的功劳。虽然它不归入粤方言范畴。

却说 21 世纪初，一本叫做《零距离——与米卢的心灵对话》的书，一下子抓住了仍关注中国足球的无数球迷的心。中国足球多年征战，屡战屡败、屡败屡战，洋教练应运而生了。第一个外籍教练是施拉普纳，之后是霍顿，再然后是米卢。应该说，选择米卢是中国足球之幸事。

米卢对中国足球的贡献除了一张求索 44 年而未得的世界杯入场券，更重要的是他执教中所倡导的"快乐足球"理念，这在很大程度上缓解了长期以来中国"出线足球"带给球迷的沉重与心酸。当球迷们终于又看到足球的快乐之后，对媒体上报道的米卢本人的所有情况，自然也会倍加关注。大家发现，对米卢的独家内幕消息的披露，往往来自广州日报报业集团旗下的《足球报》。

当《零距离——与米卢的心灵对话》卖得火热时，大家才联想到，原来《足球报》上那么多精彩报道，与这本书一样都出自同一个人的手笔。李响的名字，于是人如其名，真的响起来了。李响在采访中为什么能挖到那么多独家内幕消息，这本畅销书给出了答案：因为"零距离"！也正是因为这个"零距离"，《体坛周报》不惜开出据说是300万元的天价，把李响从《足球报》挖走。这样的重磅新闻一出再出，这个词想不走红都很难。

毕业于北大英语系的李响，1998年来到广州，最早是在《广州日报》工作。据她回忆，刚去报社就投入到抗洪救灾的采访中，感触尤深的是新闻竞争非常激烈，现场待了半个月之后，水也退了，于是以为人也可以撤退了，结果报社领导发话下来，等《羊城晚报》的记者退了再退！转到《足球报》工作后，怎样想办法去挖掘"猛料"以取得在同行中的竞争优势，已成为被训练出的一种猎鹰一样的新闻触觉。这就可以理解，转型为跑体育线的女记者，何以能够抓住一次接触米卢的机会成为其挚友，实现"零距离接触"。

李响这样回忆起第一次采访米卢的情景："我开始也不想跟米卢说我什么都不懂，作为记者来讲这并不是一件好的事情，值得炫耀的事情。但是后来我实在忍不住了，因为米卢问我一些问题让我无法回答，因为他喜欢反问。后来我就告诉他，米卢先生其实我什么东西都不懂，足球我也没看过。他就觉得更有义务来帮助我，给我讲了很多。别人跟他沟通更多是评价，而我跟他更多是学习。我曾经在上海跟他说过这么一段话：教练先生，我是第一次走进中国足球，很无知，对于足球世界都很无知，实际上你也是第一次接近中国足球，也是刚刚跨进这道门槛，也许我们之间可以互相帮助，我想这样我们都会走得比较好，您对这点怎么看？他觉得挺好，就接受了。"

零距离，需要的是人与人之间的理解，是双向沟通中的真诚。如何跨越那微妙的"距离感"，说穿了也就这么一回事。

原生态

【释义】 生物在最接近原始、自然、质朴的环境下生存和发展的状态。

【例句】 该茶叶在制作过程中力求保持～野茶的色、香、味。

给你们讲讲"很久很久以前的事"——

"那时候/天还是蓝的/水也是绿的/庄稼是长在地里的/猪肉是可以放心吃的/耗子还是怕猫的……"

在网络和短信中所广泛流传的上述段子，所折射出的正是对原生态的迫切呼唤。啼笑皆非之余，我们还可以把"很久很久以前的事"不断续写下去。人类社会的发展、自然社会的进化，不应以社会形态和社会价值观的被污染、被扭曲为代价。只有原始、自然、质朴的，才是真、善、美的，才是原生态的。

新版《现代汉语词典》没有把"原生态"收录进来，词典不收录，并不影响这个词语在各领域、各行当中的广泛流行。一般来说，词典编选者得考虑新词的使用在经过一段时间的沉淀之后，还能否被广泛使用下去，但没有人会怀疑，原生态的呼唤会持续下去。

各种文化产品和商业产品竞相取名原生态，就表明对这个词语所寄含的原始、自然、质朴的向往。曾记否，张艺谋的《印象·刘三姐》，还有杨丽萍的《云南映象》，堪称原生态文化的经典之作。一个借得甲天下的漓江山水作舞台，一个融图腾符号的崇拜性、生命本体的仪式性与民间舞蹈为一体，把没有被特殊雕琢的、存在于民间原始的、散发着乡土气息的表演形态发挥得淋漓尽致。

之后，就有了原生态音乐、原生态民歌、原生态舞蹈等文化概念的提出。如果涉及其他商业领域，前缀原生态的概念就更多了：原生态旅游、原生态别墅、原生态饮料、原生态食品……有感于现代社会里原生态的稀缺，各行各业才爱打原生态这张牌。就连对美女的追求，都在呼唤素面朝天、本色自然的原生态。

不过，最大的一种呼唤，还是来自对人类生存环境原生态的呼唤。有些人把原生态的日见稀少，归咎于改革开放所带来的经济社会发展，这是不完全对的。粤北山区之所以在发展上与珠三角发达地区极不协调，其中一个重要原因就是多年来对生态的小心翼翼的保护。

山区市河源的发展，就是一个典型例子。在全球性缺水、水污染日益严重的今天，河源得天独厚，拥有全省数量上最多的天然净水，实在是太难得了。万绿湖 370 平方公里的浩渺碧水，储量 139 亿立方米。如果算上江河地表水，那么，全市水资源的总量达到 151.3 亿立方米。清纯之水哪里来？国家的第一个五年计划，成就了广东境内"当惊世界殊"的壮举。上世纪 50 年代末，"一五"计划 156 个重点项目之一的新丰江水库动工，河源库区 18 万亩良田被淹，迁出人口 12 万。为保广东电网的调频调峰，为保东江中下游几百万亩良田和众多人口免受洪水灾害，河源做出了巨大的贡献。不过，河源人更相信一个"送水观音"的美好传说：大旱之年，观音菩萨变成一个老太婆上门讨饭，一对夫妇把家里仅存的野菜全舀到老人碗里。这一试，试出了河源人金子般的心。于是观音菩萨用柳枝蘸了蘸净水瓶，就地一划，给河源送来了甘洌的净水。

秉承无私、奉献、乐于助人的精神，河源人还担负着保护东江生态，给香港、深圳、东莞2000多万人口提供健康饮用水源的使命。改革开放，眼看毗邻的珠三角兄弟市县你追我赶发展工业，河源发展始终坚持"增值、增效、不增污"，绝不以牺牲环境为代价。谈起这天然净水，河源人可是一脸感慨。都说"靠山吃山，靠水吃水"，可库区移民是不允许打周围140万亩生态山林的任何主意的，网箱养鱼一类有可能污染水源的项目，都严格控制。像守护生命一般爱惜水源，这样的例子其实很多。河源人一旦想到那个"送水观音"的传说，又觉得40年来所做的一切，是十分美好、神圣的事情。昔日观音送水到河源，今日河源送水去香江……总相信一句老话永不过时：好心会有好报！

"很久很久以前的事"，是生态文明的事，也是原生态的事。

白领

【释义】从事脑力劳动的职员。

【例句】我和我女朋友都是~，没什么新意，呵呵。

现在说人家是个白领，说不准对方会反弹一句："你才白领！你们全家都是白领！"怪不得人家要反弹，在这个生活成本日趋高涨的社会，白领就是个出门挤公交、供楼供到退休的普通打工者。

说白了吧，与你一起挤在沙丁鱼罐头似的地铁车厢或公交车上的同车人，也许全都是白领。想想这个词语刚出现的时候，又是多少人的人生目标中之憧憬啊。

40 年前没有这个说法，40 年前以当劳动人民为荣，以双手长满老茧为荣。40 年前的劳动人民，基本上指的就是工人农民，就是今天称为蓝领的体力劳动者。那时候初识白领，就是穿着打扮上用白衬衫衬底的人，粤俚都这样说了："白恤衫打底，以为好靓仔！"在物质匮乏的年代，一般人觉得这样穿着未免太奢侈了，为满足虚荣心，于是出现了说来搞笑却货真价实的"白领"——就是外衣里面的"假领"。布匹那时凭票供应，用白色衬衣的一部分去满足"白恤衫打底"的虚荣心太奢侈，故此就有了只穿戴白色领子的做假行为。改革开放了，越来越多的人穿得起白衬衫了，还火了当时广州做熊猫牌子的一家服装厂，以至于不少人如今还记得那句广告词："熊猫牌衬衫，你着最啱！"

白领一说，最早是以"白领丽人"的组合概念出现的。其意不言自明：女孩如果容貌俏丽，最适合的工作就是写字楼里的文员，要不然让体力活糟蹋了靓丽的肌肤就太可惜了。随之而来的，是小伙子的择偶观都锁定了白领丽人。故此，今天一提白领，好多人还是会产生就是"白领丽人"的错觉。时代随改革开放在变，男男女女的择业观念也在变。广州最早被叫白领者，是白天鹅宾馆、花园酒店、中国大酒店刚开业时所招聘的一群人。慢慢地，它已跳出了性别上的屏障，不再专属于丽人了。因为略高于其他打工者的工薪收入，它一度成为社会所羡慕、所追崇的新角色。

白领曾经侧重于外资企业，现已包括了管理人员、技术人员、政府公务人员等身份，以至于弥漫各行各业各角落。只要每天上班对着一部电脑，就有可能跻身于这一个庞大的阶层，社会这40年来确实发生了很大变化。好玩的是，由白领又催生了相关的新词语。"白骨精"，指的就是白领中的精英骨干，当然拿钱也比其他白领要拿得多。"白大荒"，就是白领、大龄，当然也正荒废着大好青春。诸如此类，人们一旦说"白"了，有可能就是在说白领了。

可是，当你我他都毫无区别地成为白领时，一度让人心仪神往的这个流行词，其炽热高温就急剧下降，变得冰冷。主要是收入问题，月薪几千元就可以混个白领干干了。在这个房价只升不跌的年头，领子白了，能解决大城市里衣、食、行，却未必能解决住。做白领什么都可以省，容身之处却不可以省，从租房起步到咬牙供房，于是就得一辈子"替银行打工"（就是还房贷），除非向别的什么"领"快步转型。

有强调脑力劳动的白领，就有表明体力劳动的蓝领。蓝领的工薪收入或比不上白领或能达其下线，要解决安居问题一般只能寄望于解困房和廉租房。不过，在这个选择多元的社会里，还有多彩多色的"领"可供人生选择。

初心

【释义】 意指做某件事的初衷、最初的原因。

【例句】 不忘～，牢记使命。

由国家语言资源监测与研究中心、商务印书馆、人民网等单位主办的"汉语盘点 2017"，于 2017 年 12 月 21 日揭晓，当选年度国内词的是：初心。

"不忘初心，方得始终"，是《华严经》中的名句，表达了坚守本心信条才能德行圆满的要义。

每一个人都有自己的初心。共产党员的初心，就是党旗下的铮铮誓言，就是融入血脉的全心全意为人民服务的不变宗旨。在新民主主义革命、社会主义建设和改革开放等各个时期，正是一批批共产党员恪守初心、不断奋斗，才迎来国家和民族伟大复兴的光明前景。

每一座城市也应该有自己的初心，要了解城市的初心，不妨从了解市花开始。市花是城市形象的重要标志，代表着一座城市独具特色的人文景观、文化底蕴和精神风貌。1982 年 6 月，广州市人民政府决定，木棉为广州市市花。木棉花开鲜艳似火，又称为英雄花、英雄树。广州人认同它作为城市形象，是要表述广州像英雄树一样挺拔向上的事业和生机，是要激励广州人有如英雄花一般要有报效祖国的豪情与壮志。

广州起义烈士陵园的木棉，铭记着革命先烈，也铭记着 1927 年一场惊天动地的婚礼。婚礼主人公年龄都在 23 岁，一个叫周文雍，另一个叫陈铁军，两位广州起义参与者在刑场上的婚礼，后来见诸多种文艺作品。据记载，陈铁军出身于佛山一个富商家庭，有一次她三哥曾劝她："其实你可以出国读书，我可以供你去英国或美国。可是你这样整天干革命，吃不饱、住不安，若被警察捉去，连命都没有啊！"陈铁军推心置腹回答道："革命未成功，国家不富强，人民无幸福，个人哪里有明天的幸福？……为人民幸福而牺牲，也是个人的幸福。"三哥被妹妹说服了，从此对妹妹的事业很支持。

陈铁军一番话发自肺腑，其实表达的是一代革命党人共同的理想、信念与奋斗初心。怀抱着为人民谋幸福的目标，他们真诚奋斗、在所不辞，希望看到的，是人民过上幸福生活、国家走向繁荣富强的进步社会。毋庸置疑，革命队伍中后来陆续出现的贪污、受贿、懒政、不作为、三公消费等等丑恶现象，是在自毁根基，是对革命先辈的最大抹黑。广州每逢三月木棉红，花儿也是先烈的鲜血所染就。要想红花不变色，广州起义烈士陵园需要经常来，时时对革命先烈保持敬畏。

时间走到改革开放的年头，盛放的木棉仍然昭示着那些初心。1983年3月8日下午6时许，长堤大马路华光小食店，共产党员、省电台记者安珂与一同就读于广州业余大学新闻班的两个同学下课后，来到店里就餐。有歹徒来偷了他们的公文包，然后夺路而逃。安珂与同伴猛追了出去，面对数名持刀歹徒，安珂浴血搏击，伤重力竭的情况下仍怒视歹徒。安珂倒下了，后来的情况是，逃走了的歹徒被逐个缉拿绳之以法。再后来的情况是，安珂的事迹传遍了全国，人们被他见义勇为的英雄气概所深深打动，树立了惩恶扬善、扶正祛邪的良好风气。安珂之后，又出现了车孟义等为保护群众生命财产安全而勇斗歹徒、献出生命的英雄。

走在广州，英雄随时会在身边出现，因此就觉得活得踏实。沿江西路，西堤码头不远处，有一座镌刻着"珠江英魂"四个大字的雕塑。塑像安放仪式的一年前，2013年3月1日，共产党员、武警广东省总队广州市支队四大队副教导员郑益龙，见江面有人溺水，于是一跃入江，奋力托起落水者。由于江水很急，落水者又不会游泳，慌乱之中乱抓乱拍，郑益龙只能一只手托住对方，另一只手猛力划向岸边，为此弄得筋疲力尽。当落水者终于被成功救上岸，他却因体力不支被水流冲走了。留在岸边、带着体温却渐渐变冷的军装，触动了艺术家的创作灵感。雕塑家唐大禧坦言，他同时想起了这 10 年间投身珠江勇救落水人员而献身的一个个英雄，他们的名字是郑益龙、牛作涛、郭伟忠、袁浩飞、何仲贤、高增玉等，将雕塑命名为"珠江英魂"，也是为了纪念这个英雄群体。

也许偶然间想不起，也许永远也不会忘记。英雄花盛放的这座英雄城市，总因无数个我们也许知道、也许不知道的英雄名字，而显前行的力量无比强大，而证共产党员心里惦记着人民利益的奋斗初心。

三　四海汇成流

改革开放 40 年，开启了全球华人之间日趋亲密的接触通道。"愿景""体认""管道""猎头""考量"等大量的台湾方言，随着海峡两岸在经济、文化上的交往增多，也成了大陆这边的流行词。我们民族共同语言的丰富性，还体现在北京话、上海话、东北话、四川话等各地的方言，都加入这个规范用语的大家庭中。

愿景

【释义】所向往的前景。

【例句】世界和平是全人类的～。

"人文奥运就是两句话——宣传中国优秀文化，吸收外国优秀文化。"那一年，北京奥运召开之前，季羡林先生就"人文奥运"谈了这个愿景。

2008 年 8 月 8 日夜晚，当五彩缤纷的焰火脚印一步步向

"鸟巢"走来，随之呈现出的令人目不暇接的中国元素，已经印证了季老心目中的愿景。的确，那伴随着倒计时的瞬间震撼全场的击缶而歌，那活字印刷中不断变换的"和"字真谛，那画卷铺就的水墨大写意，那行云流水一般的太极拳招式，那昭示好运降临的祥云火炬徐徐点燃……中华民族的优秀文化在这一个晚上已形神兼备地传遍了世界。

"愿景"一词来自台湾。该词词义近似于愿望，所不同的是：愿望强调的是所向往目标的想法，而愿景则使想法落在某种意象或景象中。有了愿景，愿望就具体化了。"同一个世界，同一个梦想"，北京举办奥运，中国人有太多的愿景。就向世界集中推介中华民族文化的精髓而言，奥运会开幕式只是开了个头。五千年文化，博大精深，56个民族，多姿多彩，开幕式能兼顾到的极有限，奥运会期间所有场所能展示的也不会太多。

对广东龙门县的农民画家来说，让画作进入奥运场地，向全世界展示具有岭南乡村独特韵味的民间文化艺术，也是自己的一个愿景。龙门农民画，以节庆喜事、特色民俗、田间劳动、乡土风情为主要题材，反映当地历史悠久的岭南文化和人民群众对自然、生活和社会的思考及理解，浓墨重彩渲染人们丰富多彩的劳动和生活。作为富有传统民间艺术特色的农民画，已形成了自己独特的风格，属于区别于其他画种的绘画门类中的一个新画种。

北京开奥运，龙门忙得欢。一个叫做"我为奥运绘"的活动，使当地的农民画家充满激情地绘制了一批画作。愿景中的这些农民画，虽然不是直接描述奥运竞技，但巧妙地升华了奥运精神，比如用举南瓜来替代举重就显得趣味盎然而又散发山野气息。奥运前夕，数十幅龙门农民画终于成功地展现在北京各大奥运场所，广东农民的愿景在一夜之间成为现实。

岭南文化作为中华民族优秀文化的一个重要组成部分，理当在"人文奥运"中呈现让人过目不忘的表演。来了，8月8日17时45分，当北京奥运开幕式拉开帷幕的时候，只见50只生猛的南粤醒狮率先跃入"鸟巢"。锣鼓喧天，雄狮欢舞，3分钟的南粤雄狮表演，调动了"鸟巢"现场欢快、激昂的气氛，世界在那一刻已感受到中华大地喜迎奥运的欢快热情。

北京奥运开幕式上首先出场的南粤醒狮，来自广东湛江。湛江享有"中国民间艺术醒狮之乡"美誉，醒狮艺术早已名声在外，也曾晋京入沪、扬威巴黎，其拿手好戏单狮飞跃获得过山花奖这一中国民间艺术最高奖项。此次由120名湛江小伙子组成的醒狮团进入"鸟巢"，那南狮传统套路融入高桩、凳桩的扑、转、翻、腾等高难技巧，特别是3.7米的单狮高桩飞跃，更是把"醒狮闹鸟巢"的好戏推向高潮。

精妙绝伦的岭南文化在北京奥运开了个好头，接下来，就有广东番禺小妹陈燮霞在女子举重项目中为中国夺得首金。广东要在全面建设小康社会中争当排头兵，奥运会上已敢先声夺人。因为某种意象或景象，愿景比愿望显然是大大进了一步。对，为愿景，齐努力！

体认

【释义】体察认识。

【例句】与自然和谐共处是全人类的～。

公元2005年，时任国民党主席连战先生若是不作大陆行，像"体认""愿景"这些源自台湾的汉语词语就不会一夜走红，同年开印的第 5 版《现代汉语词典》就不会把它们收录进去，从而体认海峡两岸文化的同宗同源，也体认我们所使用的语汇随社会的发展而变化。

"体认""愿景"这两个词，出现在 2005 年 4 月时任中共中央总书记胡锦涛和时任国民党主席连战会谈的新闻公报中，见诸全国各大媒体则是在 4 月 30 日，而第 5 版《现代汉语词典》开印时间是 5 月 2 日。结果，编者还是赶在开印前，把这两个词收进了词典，确实眼光独到。

随着越来越多的台湾方言被体认，我们也体认到了台湾的日月风光，体认到台湾的美食风味，体认到台湾的文化积淀……我们所体认的同宗同族的文化，已越来越熟悉，越来越亲切。

体认，语义近似认识，又不等于认识。以"体"为"认"，其"认"自有深义。比如说，这个社会最大的公平是教育公平，在教育上体现公平、正义，让每个人都有享受教育的机会，这是国家的政策。但实现教育公平，归根到底，还是得由具体的人去操作。对此，广东肇庆怀集人莫纯通的体认尤其深刻。

那些年，莫纯通身任怀集县梁村镇多罗山小学校长，又是全校所有年级语文、数学、英语、音乐、美术、体育等课一肩挑的老师，还是全部班级的班主任，并兼职学校饭堂厨师。长年累月在大山深处一个人撑起一所学校，他所采取的是复式班教学的方法：常常是一个班上课，其他班预习或布置做作业。他每天都这样走马灯似的转，每周至少要上 30 节课。有时实在累得站不稳了，就跟孩子们说先休息一下，稍喘一口气后又迅速登上讲坛。

多罗山小学位于大山深处，莫纯通一年回家团聚也就七八次。"坦白地说，如果没有妻子、儿子一直以来对我的支持，我在大山里连一天都待不下去。"他承认。自从有了手机，与妻子通电话，是他每个晚上从不间断的保留节目。就像充电一样，非如此无法保证第二天的工作能量。"学校里就孤零零住我一个人，若发生什么事，老婆也能及时知道啊！不过，我身体一直很好。"他说，"每次从家里返回，老婆都会大包小包地给准备好常用药品，以备不时之需。"

大山的夜晚没有电视可看。多年来陪伴莫纯通的熟悉人声，除了手机传来的妻儿的嘘寒问暖，还有一部收音机。对付夜晚的寂静和寂寞，莫纯通的常用招数是举行"一个人的演唱会"。能想起来的、各个时期的歌，他的大脑都会反复"倒带"，指挥嘴巴用丹田气大声唱出来。长此以往，不让他晚上唱歌反倒不太习惯了。休假时回到怀集县城，想唱歌又怕影响左邻右舍，一股气硬憋在腹腔实在难受，于是就想赶紧返回学校与大山放声对歌。

到了星期天，莫纯通有时会开一个多小时的摩托车，下山找个地方看看电视，主要是欣赏自己喜爱的体育赛事的转播，解解馋。而平时，他总会坚持在学校的篮球场每天打上两场球，除了刮风下雨，那"一个人的篮球赛"从不间断。在他心目中，那是骄傲的"我"大战寂寞的"我"。胜与负，总在一闪念之间。不是莫纯通，也许不明白什么叫做真正的寂寞。

当莫纯通的事迹传出来后，有些人却觉得不可思议。曾有电话打给他："莫老师，你的事迹令人感动，但在当今这个年代，你居然可以留在荒山野岭的学校不走，是不是很傻很天真，或精神上有问题？我有个朋友是心理医生，你可以记下他的电话……"

莫纯通对此淡淡一笑，不想解释什么。如果不是置一己之身于大山深处，人们也许真的体认不到，山区孩子若没有书读会是怎样一种滋味！

走近莫纯通，也就体认了什么叫做教育公平、怎样才有教育公平。

管道

【释义】途径、渠道。

【例句】协商~暂时中断。

管道这词，老早就有。不过，一直以来，它指的仅是用管子、管子联接件和阀门等联接成的用于输送流体的装置。管道作为新词的流行，归因于海峡两岸在经济、文化上交往的日趋频繁。原先爱说渠道的我们，突然间明白要改说管道了，因为要与时俱进。没错，渠道就是管道，管道等于渠道。流行这玩意儿，没道理可讲。

管道意味着输送。两岸交往，来自台湾的管道等一堆新词，也就源源不断地进入了我们现代汉语词汇。文化最需要的是输送，遥想当年，《窗外》《在水一方》《昨夜之灯》《聚散两依依》《雁儿在林梢》《我是一片云》等一批来自海峡那边的爱情版本，突然让这边的青年男女像发现了新大陆，原来，恋爱是可以这样谈的！一位温柔纯真美貌多情的女主角林青霞，一下子成为好多海峡这边男人的梦中情人，非遇上这样披肩秀发的女孩不轻易言娶。

昔日神州大地的痴心男女们回想痴迷于琼瑶作品的岁月，

都觉得那一段日子没有白活。正是有了文化需求上的管道，40年来，大量来自海外的优秀电影、电视连续剧、电视综艺节目、武侠小说、科幻小说、言情小说、漫画作品、流行音乐作品等等，才为我们所喜爱、所欣赏。顺带着也就记住了李安、金庸、古龙、梁羽生、琼瑶、三毛、林青霞、林清玄、余光中、南怀瑾、席慕容、龙应台、卫斯理、吴宇森、王家卫、成龙、黄霑、邓丽君、徐小凤、许冠杰、罗文、罗大佑、齐秦、谭咏麟、张国荣、张曼玉、张学友、梅艳芳、刘德华、郭富城、李宗盛、李克勤、周润发、周杰伦、梁朝伟、蔡志忠、蔡琴、蔡澜、朱德庸（上述排名不分先后）等等一长串华人文化代表性人物的名字。

这个世界上，唯一割不断的，是同根同源的文化。只是，如果我们的国家不搞改革开放，中华民族的先进文化在华人世界范围内就不可能具有这样广泛的沟通、交流和共享的管道。广东在这方面又是走在全国前列的。改革开放之初，家里有了电视机之后，"看什么"就成了大问题。于是，1979年，第一部引进的电视连续剧《霍元甲》从香港走了进来。据老一辈电视工作者回忆，这部"引进第一"的电视连续剧，最早是香港的亚洲电视台送给中央电视台作文化交流用的，但据说经审查后认为不宜在全国播放，广东电视台便拿了过来。为稳重起见，先请省里领导集体审看，结果一致认为宣传的是爱国主义，没什么不妥。

"昏睡百年，国人渐已醒……"当《霍元甲》的歌声在广东响起，各地电视台都发现了爱国主义原来还有一个"功夫版本"，于是都与广东洽谈要求拿去播放。事情过去了近40年，有多少人还记得当年一闻"万里长城永不倒，千里黄河水滔滔"

而感到慷慨激昂？之后，广东又相继引进了《排球女将》《血疑》等剧集，并且为普通话播出的需要还花大力气进行配音。姚锡娟等广东配音明星的声音，于是就随小鹿纯子的"流星赶月"和幸子的白血病走进了千家万户，走进了那时晚饭后几乎都围着电视机收看同一部剧集的同一文化生活。当然，各地的电视观众在为这些故事而感动时，可能没有想到它们都来自广东，而剧中角色的标准普通话竟是广东制造。"粤方言北上"的同时，原来也有"粤版普通话"的北上。

那时人们都把这种文化交流叫做通过什么什么渠道引进，那时管道的词义不同于今天的解读。不过，若没有那时的什么什么渠道，就没有今天的管道。

共识

【释义】不同阶层、不同利益的人所寻求的共同认识及价值。
【例句】这个问题已经获得朝野的～。

这个现代汉语词语的正在使用，本身就是全球华人的一种共识。

最早的热说，与海峡两岸的"九二共识"有关。1992 年，海峡两岸关系迎来了一个历史上的关节点，这就是中国大陆的海协会和台湾的海基会在 11 月以口头方式达成的一个原则：双方的共识是"海峡两岸均坚持一个中国原则，努力谋求国家的统一"。

毕竟血浓于水。中国改革开放，同样离不开全球华人所取得的共识。

1977 年 10 月，邓小平同志在接见港澳同胞国庆代表团和香港知名人士利铭泽先生时说："说什么'海外关系'复杂不能信任，这种说法是反动的。我们现在不是（海外关系）太多，而是太少。这是个好东西，可以打开各方面的关系。"

广东是著名的侨乡，广东籍的华侨华人和港澳同胞有 3000 万，数量居全国之首。海外华侨华人港澳同胞有爱国爱乡的优良传统，还有为祖国发展所需要的大量资金、技术、人才，一旦充分调动其积极性，广东的对外开放就打开局面了。

时不我待。十一届三中全会召开以后，广东全省就掀起了落实侨务政策的热潮，历次政治运动被错误打击和处理的华侨归侨侨眷的冤假错案得到平反，这极大地调动了广大华侨华人和港澳同胞支持祖国改革开放的积极性。

祖国要富强，民族要振兴，这是个共识。海外华人为祖国的改革开放纷纷投入了巨大热情。广东交通建设在改革开放之初就取得迅猛发展，由公路桥梁的四通八达而广泛形成的"路通财通"，靠的就是共识。

1978 年，港澳著名实业家霍英东、何贤、何添、陶开裕等几大巨头携手从澳门来到内地考察经济。一路上，交通的问题让他们懊恼不已。又窄又弯的黄土公路坑坑洼洼、颠簸不平，刚萌动的经济建设竟被恶劣的交通拖了后腿。一路上塞车连连。车到洛溪渡口，他们望江兴叹！几个老朋友当时商量，要为家乡建设出一把力。在一次次捐资建桥修路的过程中，当他们知道政府还拿不出更多的资金修桥筑路时，便提出了"贷款修路，收费还贷，以路养路，以桥养桥，循环发展"的模式。

广州市中心与番禺距离很近，但当时被河道隔开，来往交通不便。当时的现实是，修桥铺路全部由国家包办，国家财力有限。几位番禺籍的港商何贤、霍英东等首先提出了"投资兴建洛溪大桥，以征收过桥费偿还投资"的方案。正是这样一种在粤港两地迅速形成共识的修桥筑路模式，改变了计划经济年代里一直由政府大包大办的方法，充分调动了各级政府与投资者的积极性，由此加快了路桥建设的步伐。1988年竣工通车的洛溪大桥，解决了广州、番禺多少年来"分居两地"的问题，珠三角的路桥建设由此迎来了一个前所未有的飞速发展时代。

20世纪70年代末，香港实业家胡应湘先生为投资业务经常往返穗港两地，也深陷"痛苦"之中。那时候没有广九直通车，每次他来广州，得先从香港搭轮船，到了九龙，再上火车，一路摇晃而来。他计算了一下，每次光单程就花费整整5个小时的时间。后来虽说有了直通车，一个往返亦要7个小时以上。对于深谙"时间就是金钱"的这位实业家来说，确实是件痛苦的事情。

胡应湘先生喜欢航海，有一次无意中翻阅海图，发现香港到广州其实只有120公里的距离。他当时想，不就一个多小时路嘛，如果有一条高速公路，问题不就解决了？1978年，他向广州市政府正式提出，要投资兴建广深珠高速公路。双方取得共识，问题就好办了。作为中国第一条由港商投资修建并经营的高速公路，作为第一个把公共事业企业化的高速公路，广深珠高速公路是中国高速公路史上的一座丰碑。高速公路的概念，自"广深珠"开始，走进了寻常百姓家。由此形成的"一两小时生活圈"，也缔造了珠三角的日趋繁荣和富裕。

由霍英东、胡应湘等爱国实业家一手促成且日渐成熟的"珠三角路桥模式"，后来被各地竞相模仿。观念先行，带来的是广东乃至全国在路桥建设上的全面飞跃。然而，正是由于路桥建成后要收费，反对声亦曾十分强烈。一些老同志很生气：

"我革命一辈子，为什么要留下买路钱呢?"有人甚至感叹，广东"已经在全面搞资本主义了"。

用事实说话，最好。路桥商品化的创举，为广东乃至全国开拓了集资建桥修路、收费还贷的崭新路子。多少年里没建成一座桥的番禺，10年间就建成大小桥梁160座。全省同期亦建桥1000多座，这开创了中国建桥史上的一个奇迹。

——海外关系"是个好东西"，这个共识太伟大了。

考量

【释义】思考衡量。

【例句】大灾大难~企业的社会责任感。

汶川大地震，新闻报道中频繁出现"考量"这个词:"考量慈善心""考量责任感""考量公信力""考量人生观"等等。现代汉语大家族中新出现的这个词，来自海峡那边。

考量不是考虑，考虑可以不付诸行动。考量也不是衡量，没有发自内心的思考就没有接下来的表现。如果问考量是不是考验，那词义上就比较接近了，不同点则是一个"量"。好多东西，非物质范畴，但仍寄望于有一个衡量的过程、有一个量化的考虑。来自台湾的这个用词，填补了词汇量原先的不足。

改革开放40年，大大小小的考量中，广州人的物质生活与文化生活在不断得到提高的同时，其精神风貌道德风尚也是有目共睹的。这既可归结于人文素质，也来自思想观念上对先进文化的长期吸纳。马丽清这个广州人的名字，可能好多人已记不起来了，但在上世纪80年代中期曾一度出现于全国不少报纸的头版。

1984 年 2 月 28 日傍晚，好多安坐家中看电视的广东人，都会注意到电视台（那时全省只有一个广东电视台的频道）滚动播放的一段紧急呼吁。广州市自来水公司的一位职工因车祸生命垂危，急需 AB 型血浆救治，医院里找不到，情急之下就想到了找电视台。这也是广东电视台破天荒第一回播放呼救广告。

马丽清，广东省机电设备公司一个普普通通的看仓库的工人，一看电视就焦急起来。她知道，AB 血型的人不多，平均每 200 人才能挑出一个，因为在这之前，自己已经有过好几回献血救人的经历了。那晚，天空飘洒着毛毛雨，家门附近又没有公共汽车站，一急，就想到了扬手"打的"——平常根本舍不得花这笔钱的。

输血完毕，马丽清欲悄悄离去。不曾料想，她在医院大门口遇上了匆匆赶来的电视台记者。她确实没想到，事情后来会弄出那么大的影响。翌日，她照常从东山区的住处骑自行车到北郊的仓库上班。她才踏进仓库，同事就带着钦佩的表情发问："昨晚去哪里了？""没去哪里啊。""你上电视啦！"

当天晚上，广东电视台抢在第一时间里播放了"打的献血"的新闻。接下来，是各种新闻媒体对这一新闻的狂轰滥炸似的追踪报道。当晚闻讯赶去医院献血的其实有几十人之多，只不过，马丽清是第一个抵达者，并且又是"打的"去的，这就成为首要的新闻人物。

"打的"，是那几年里广州城所涌动的一种新潮举止；接着又发生了"打的献血"，马丽清的名字由此街知巷闻。作为广东省社会主义精神文明建设进程中所涌现的一代楷模，她得到了数不清的荣誉，并当选为 1995 年的全国劳动模范。

谈起自己的一夜成名，马丽清说，想不到。帮助这个社会上需要帮助的人，本是我们民族的传统美德啊。自小到大，自己好事做了一箩筐，就是不愿把名留下。已经记不起来，这一辈子帮了多少人的忙。

一下子成了公众人物，马丽清的生活发生了很大变化。譬如说，得忙于应对来自四面八方的求助者。有个广西读者通过《中国青年报》转来一封信，说是一家五口都得了疥疮，想求她帮忙在广州的药房买几瓶治病的"疥得治"："你既然乐于帮助那位素不相识的车祸受害者，也乐于帮助我一家人吧？"

马丽清来者不拒，果然就跑到药房找"疥得治"，然后又跑邮局寄包裹。不必对方付款的"疥得治"，寄了一回，又寄一回。广东省机电设备公司则干脆给她一个助人为乐的更大舞台，把她调到公司工会。工会工作管的是"百家事"，从哪家的坑渠堵塞，到哪家有人生病需要陪护，上上下下都知道，找马丽清就行。各级工会都认识到这是一个人才，"优秀工会干部""优秀职工之友"等荣誉于是连年不断，鞭策着她把做好事坚持到底。她不想出名却偏偏出了名，出的是好人好事的名。数不清的事情更是如影随形，排着队等着她逐一去做。

已办理退休手续的马丽清，那乐于助人的性格没有变。她始终相信，帮助这个社会上需要帮助的人，是我们民族的传统美德。她这些年走过来的路，起码经得住一个广州人在行为规范与准则上的考量。

关爱

【释义】关心、爱护和帮助。

【例句】 ~ 他人就是 ~ 自己。

40 年前，我们不说关爱；40 年前，我们都会背诵 "一切革命队伍的人，都要互相关心、互相爱护、互相帮助"。是不是可以理解，关爱就是 "三个互相" 的 "缩写" 呢？不可以等同的，这其实是一个来自台湾的新词，有人把它解释为 "关心和爱护"，也对，但不完整。关键时刻伸出帮助之手，关爱就更具体了。

"关爱是一个微笑，给人亲切的关怀；关爱是一泓清泉，给人心灵的洗涤……" 有人这样形容关爱。这样的形容、这样的句式，其实还可以放飞思绪不断翻新、不断组合。没有人不爱这个新词，从 "关爱生命" 到 "关爱他人"，从 "关爱留守儿童" 到 "关爱受灾群众"，生活中有太多太多值得关爱的事情。因为关爱，人人不再自私；因为关爱，社会充满温暖。

2008 年是个多事的年头，关爱这个新词却由此让更多的人有了感同身受的认识。发生在 2 月的罕见雪灾，数也数不清的返乡人流，被冻结在了广州火车站这个广东全省的交通枢纽。是广州全城的关爱，温暖了乡亲们的心。每天送吃送喝送温暖的关爱之情，可以驱散那无情的冷风冷雨。

2008 年 5 月 12 日 14 时 28 分，震动世界的四川汶川大地震，以自然界强加的方式，让整个中华民族都把 "关爱" 二字写在同一方土地。广东人的关爱之情，这一刻也最迅速、最快捷，要人派人、要钱捐钱、要物送物、要血献血，为抗震救灾做出了巨大贡献。

广东医疗队是全国第一支进入震中的医疗队。医疗队的 111 条好汉，14 日凌晨就已飞抵成都，然后星夜兼程，摸索 4 小时，

连夜穿过 4.5 公里生命线，抵达映秀。工作状况是想都想不出
来的恶劣，常常是头上飞沙滚石，身下悬崖峭壁、万丈深渊，
随时都有生命危险。为此，有医生把给妻子的遗书都悄悄写好
了。他们要救人，但同时也在自救，随身携带的干粮、矿泉水
吃完喝完后，就往地里刨马铃薯，刨不着时就往废墟里翻，希
望能找到东西填肚子、润嗓子。

就是在这样艰难困苦的情况下，广东医疗队共救治、分诊、
运送伤病员 6000 余人。其中，成功实施现场手术 10 余台，在
余震不断的废墟中完成手术，并成功抢救了分别被困 123 小时、
150 小时的两名受伤群众。

还有公安特警、消防、防疫、青年志愿者、新闻记者，勇
当改革开放和实践科学发展观排头兵的广东人，这一时刻更是
用心证明什么叫做关爱，创造着一个又一个抗震救灾的奇迹。
灾区有难，广东就是四川乡亲们的大后方。一批批受伤群众通过
民航航线，被送往广东的各大医院里，接受着精心治疗和热情呵
护。数以万计的活动板房及时运往灾区，以安置无家可归的群众。

关爱是心手相连，关爱是人间大爱。灾难来临之际，一句
"你捐了吗"的流行问候语，已尽显广东人扶贫助困、乐善好施
的传统品格。关爱，它关乎爱，它无分疆界。

忽悠

【释义】巧设圈套引人上钩、让人上当。

【例句】"到底是谁在～房价？"

这个东北方言之所以成为流行词，赵本山大叔具有不可磨

灭的重要贡献。

"我能把正的忽悠斜了，能把尖的忽悠茶了，小两口过得挺好，我能给忽悠分别了。今天卖拐，我能把一双好腿给他忽悠瘸了！"赵本山数年前在中央电视台春节晚会上这么一忽悠，拐杖、轮椅、单车等物件就都卖出去了，忽悠也就在全国各地彻头彻尾地火起来了。

当然，该词原义也就被颠覆了。按第 5 版《现代汉语词典》的释义，它应是"晃动"，例如"大旗叫风吹得直忽悠"句。可是，现在大家更相信本山大叔的演绎。事情本就客观存在，只是之前没想到一个这么恰到好处的词语，来表达所碰到的一些人和事。

愚人节开的玩笑，最能忽悠人。譬如说，手机里突然间飞来短信，是佳人有约！傍晚几点几点在玫瑰园西餐厅等候，不见不散。如果你不曾注意到，事情正好发生在 4 月 1 日，被忽悠得哭笑不得就是明摆着的事情了。夸张或虚假的宣传及广告，是最常见的忽悠。人们经常愿意购买说是登上什么什么排行榜的书，翻开之后才发现是充塞着废话的伪书，忽悠有时专爱拿读书人开玩笑，越是聪明的大脑越是见鬼。还有购物、旅游、用餐、电影、戏剧等等，都躲不开几乎是无处不在的忽悠。

商业社会的生存法则，让被忽悠的人们学聪明起来了。但忽悠回回有新鲜，不曾被忽悠的人，几乎是不存在的。反之，不曾去忽悠人家的人，应还没有问世吧？要辨识的是，忽悠不是贬义词，虽包含了蒙和骗的成分，但不完全等同于蒙人、骗人。就像愚人节里的美丽玩笑，因此而觉得生活增添了趣致的多样色彩。

正是因为该词语充满戏剧性的元素，善于忽悠的人，也就更快取得戏剧性的成功。20 世纪 90 年代初，有媒体对北京、上海等中国十大城市的万名青年做过一个问卷调查，在被问及"你最崇拜的青年人物"时，第一个是美国的比尔·盖茨，第二个则是广东的史玉柱。史玉柱的成功，当然离不了"忽悠"。

史玉柱 1989 年在珠海白手起家，所研制出的巨人汉卡这一桌面中文电脑软件系列，一直保持良好的卖相。说穿了，他营销的过程也就是"忽悠"的过程，能让这么多电脑使用者追逐其巨人产品，这就是一种本事。到 1993 年，他的巨人集团已成中国第二大民营高科技企业，他本人也成为珠海第二批重奖的知识分子之一。接下来，他又萌发了兴建"中国第一高楼"的想法，并且真"忽悠"了不少资金去支撑这个巨人大厦的伟业。只是，资金链条最终还是出了问题，到 1997 年，背负 2 亿元债务的他离开了珠海。

这以后，史玉柱再战江湖，先后做脑白金、《征途》游戏，又戏剧性地取得了巨大成功。还是玩最擅长的一招——"忽悠"。"今年过年不送礼，送礼就送脑白金"的广告语，一下子可以"忽悠"得举国皆知。那么，这么好卖的脑白金，到底是什么？有行家后来道出了佩服之语："脑白金就其技术含量而言，什么都不是。但是，就这么个东西，他能卖得那么好，而且持续 6 年，现在还在持续增长。真的白金卖出白金价，不是本事，而把不是白金的东西卖出了白金价，那才是真功夫。"

到了《征途》游戏，史玉柱"忽悠"众多消费者的，是"希望"，是做人可以滥用权力欲、可以玩游戏、可以赚工资的"希望"。人生忽悠，没有穷期。如果说，赵本山靠语言上的"忽悠"，曾经奠定了一段时间里央视春节晚会"最受观众好评"的小品大王地位；那么，史玉柱则靠行动中的"忽悠"，创造了最快捷、最高效的企业家传奇，而且是两个以上行业的、不重复的创业传奇。忽悠，最终又是靠不住的。

下课

【**释义**】权力被撤换、剥夺。

【**例句**】导演都～了，这个片子还怎么拍？

本来，下课就是课堂里上课的结束。可是，作为四川方言，它的使用范围会大一些。说着说着，全国人民都接受了它，第 5 版《现代汉语词典》出版时，也承认了它的规范语言地位。

下课最初的应用，大概源于中国足球队第一任外籍主教练施拉普纳的被剥夺执教权力。当这个德国老头告诉中国球员，如果不知道将球往哪儿踢好，就往门里踢时，1993 年的中国足球队却在成都输了个精光。那段时间里，愤怒的四川球迷在球场上齐齐喊起了"施拉普纳，下课"。媒体也注意到了这个不寻常的声音，球场上所高举的有"下课"字样的牌牌和横幅，于是被摄下来广为传播。

四川球迷所创造的这个流行词，原是一种群众的声音，其本意是要求撤换主教练，其最早也仅仅流行于足球圈子。而正是有感于中国足球多年来的屡战屡败，"某某，下课"的呼声才此伏彼起。2008 年北京奥运期间，因为中国男子足球的极为糟糕的表现，球迷的一股怨气于是直逼时任中国足协副主席谢亚龙。"谢亚龙下课"的呼声，瞬间成了奥运足球赛场上最流行也是最响亮的口号，以至于某位巴西记者误认为这是最中国式的加油方式，居然哼唱着这五个音节进入新闻发布会的现场。中国足球 30 年，其最大贡献大概是贡献了这一个流行词，让大家知道谁来上课都得下课。除非他是奇迹创造者，但奇迹多少年来不曾出现，球迷们总是年年盼望年年失望。而下课的角色，亦延伸到了通过哨声偏袒某一方的又称"黑哨"的某些足球裁判，以及球技没上去球德又滑坡的某些大牌球员。

中国足球 40 年，留给球迷的最具光芒的一页，应是来自广东的一班球员及其教练。改革开放初期，"国家队里有着半支广东队，广东队里也有着半支国家队"，此话怎讲？原来，容志行、古广明、陈熙荣、何佳、蔡锦标、叶细权等国脚均选自广东足球队，而执教者也是来自广东队的苏永舜。他们在代表中国足球队参加亚洲杯、亚运会、奥运会预选赛、世界杯预选赛中，都有着不俗的表演。好多精彩入球，仍完整保存在稍上年纪的球迷的记忆里。其中的容志行，不仅因脚法精良而被称为"中国贝利"，还因比赛中令人赞赏的高尚的体育道德而成就了"志行风格"。1979 年到 1981 年的全国十佳运动员评选，容志行连续入选。这之后，广东又陆续有技术出众的吴育华、迟明华、赵达裕、麦超、吴群立、区楚良、彭伟国等进入国家队，无一例外其球技都极具观赏价值。

一直享有"华南虎"盛誉的广东足球，在步入 21 世纪的第一个十年后，由于恒大、富力两家房地产企业的强势介入，所建立起的两个足球俱乐部掀起了"红""蓝"两股旋风，战绩尤佳的是广州恒大，至 2017 年已拿了中超七连冠和两个亚冠冠军，是亚洲足球俱乐部里拿亚冠冠军最多的。今天的恒大，亦已成为向国足输送人才的一个大本营。只不过，在恒大能担大梁的广东仔似嫌不多，而国足愈来愈缺广东仔的状况，也使国足难再踢出"志行时代"的"艺术足球"佳绩。说来有意思，在近当代史上的广东，梅州和广州是孕育足球意识包括神奇脚法的地方，所成长起来的球员体能上或者稍逊一筹，踢起球来则赏心悦目，极具观赏性的同时还能突破并得分。也许，广东球员下课了，中国足球也就得下课。

作为新的流行词，"下课"一语从足球领地走出，如今已走向社会生活的方方面面。在政府机构、文化体制、现代企业制度等改革中，人们在离开原来岗位、原来职务时，用它作代名词是最恰当不过的了。它生动别致，巧妙地把人们职务上的变动，同校园里学生的下课相譬喻，从内涵上拓宽了职位上变动的意义，并且有别于下台、下岗、被撤职等在表述上的生硬，给人一个"从头再来"的想象空间。

的确，天生人才必有用，下课之后还上课，人们又何必去为这个流行词骤然降临到自己头上而惶恐呢！

侃大山

【释义】 亦作"侃"。漫无边际地聊天；闲聊。

【例句】 北京人凑在一起，就爱～。

"十亿人民九亿侃（大山），还有一亿在发展"，全国人民都知道这段子，要是不知道，就不会把"侃大山"收进新版《现代汉语词典》了。侃大山是北京土话，在广州人的词汇里本没有这一说（广州话类似的说法有"吹水"），故此，广州人都把自己划入"还有一亿在发展"那一群人。只会干不会说，会生孩子不会起名字，诸如此类，一般被认为是广州人在改革开放中的典型表现。

广州人知道侃大山，应是读了王朔小说以及葛优所演相关电影的缘故。《一半是海水一半是火焰》《动物凶猛》《顽主》《一点正经没有》，等等，作为那时的流行读物，王朔复活了大批鲜活的北京市井流行语，用调侃的方式来躲避崇高，从而消解了社会生活中严肃、正经的刻板面目，使好多人沉溺于侃大山的言语快感之中。于是，种种烦恼和郁闷都在这种亦庄亦谐的调侃中得到释放。

知道归知道，小说归小说，广州人依然不爱侃大山，认为这是阻碍发财发达的非正经事。直到看着别人来到自己生活的城市，呼吸着一样的空气，靠着侃大山而做人十分成功，这才开始对这个词语产生敬佩之意。最典型的一个侃大山例子，来自窦文涛。他在凤凰卫视主持的《锵锵三人行》节目，与两位嘉宾宛如三友小聚，个人本色，性情相见，嬉笑怒骂，话题百无禁忌，海阔天空无所不侃。

窦文涛本是新广州人。1989 年大学毕业后，他就离开故土河北石家庄市，南下广州，供职于当时的广东人民广播电台。他主持过新闻、娱乐、服务等电台多种类型的节目，后来主要担任热线电话言论节目的直播主持人。在省电台工作期间，其侃大山特长已得到很好发挥，曾获首届中国新闻奖一等奖，还被选为全国广播电视"双十佳"节目主持人，获"金话筒奖"。

从在省电台供职 7 年，至 1996 年转去凤凰卫视发展，窦文涛的侃大山天分更是发挥得淋漓尽致。除了《锵锵三人行》中三个人的侃，还有主持《中华小姐环球大赛》时与美女的对侃，更有《文涛拍案》的一个人的侃。在《文涛拍案》这个"另类法制节目"中，窦文涛以迥然不同的形象出现，"大案、要案、奇案、公案——我拍案！"侃大山中有理有节有情，仗义执言，激浊扬清，难怪有粉丝们赐以"新派电视评书体"之一说。

窦文涛何以这么能侃？有人说，是广州这块得改革风气之先的土壤，开启了其真性情。也有人从凤凰卫视总裁刘长乐的话中去解读："希望所有的主持人都是单一个性的张扬，有多少个性就展现出他们多少个性，正因为他们的个性张扬了，正因为公司全力以赴地推介了，所以他们到凤凰就成名了。"刘长乐还强调："是让你的从业者都往一个共性里塑造，还是张扬其个性，这就有非常大的区别。"

却原来，侃大山是需要土壤和空气的！若然不是改革开放，谁又敢张扬个性、口无遮拦地侃啊！显然，没有改革开放的土壤和空气，就没有侃大山这个新词语。

作秀

【释义】为达到某一目的而进行的类似于表演的行为。
【例句】她到灾区的行为被网友指责为～。

要知道什么叫做东西方文化的相融，不妨看看"作秀"的字词组合。"作"乃汉字，"秀"是英文 show 的音译，两者相结合，构成了 40 年来的又一流行新词。作秀源自台湾，经香港人的薪火传递后进入广东境内，粤语发音中成了"做骚"。它在中国大陆的流行，一度实行的是双轨制。各领"秀""骚"三五年，经新版《现代汉语词典》的权威裁定，台湾版本最终战胜了粤港版本。

作秀，可以理解为演戏，属于不真实的公众行为。与专业上的表演一样，作秀者也以追求最多的观众、最轰动的秀场反应为效果，但求以此达到某一目的。2008年7月15日，广州市天河区上演的"老牛拉宝马"，就是一场极具秀场效应的"维权秀"。该"维权秀"主角姓马，据陈述，10天前她驾车在高速公路上行驶，突然间，车子"像被人踩急刹车一样，突然熄火停了下来。旁边同方向行驶的车辆按着刺耳的喇叭呼啸而过，差点小命不保"。她在几番向售车方要求解决问题未果之后，花1万多元从广宁县弄来"老牛演员"，希望以此引起厂家的注意。

诸多作秀类型中，"维权秀"是比较多的一种。消费者要维护自己的合法权益，有时不是太容易的事情，除非是在一年一度的"3·15"——消费者权益日，才因全社会的重视而好办一些。一旦过了"3·15"，一切就又进入常态，经多种途径的探求，最后才想到"维权秀"。只有引起公众注意，只有被媒体曝光，也许才会迎来解决问题的转机。一般人的"维权秀"，也就拉起横幅、喊喊口号而已。要像"老牛拉宝马"这样秀得好看、秀出影响力，除了善于动脑筋，没有钱真是万万不能。

作秀不分有钱没钱，也不论位高位低，只看有没有必要。"官员秀"就是一种需要。在许多国家和地区，作秀是官员必须学会的功课之一。为了竞选的需要，西方国家和地区的一些官员会深入穷乡僻壤与百姓聊天，会到病区与病人握手，还会在竞选大会上大秀个人才艺……这些行动都是官员平时不常有的行动，但正是这些行动，对于赢得民意或多或少起到了一定的作用。当作秀进入舆论空间时，官员作秀也是对社会作出的一种承诺。

都说"人生如舞台"，作秀就是对这句老话的功利性极明确的形象诠释。

SOHO

【释义】 在家上班。

【例句】 明天就不上班打卡了，我～了。

好多人最早知道 SOHO，是因为潘石屹。他所开发的房地产就叫 SOHO 现代城，他所开办的公司就叫 SOHO 中国有限公司。潘石屹大力推广了 SOHO 概念，但他自己又不属于 SOHO。

新版《现代汉语词典》与时俱进，专门开辟了"西文字母开头的词语"的查询空间，SOHO 也收进来了。

这个流行词，其实是 Small Office Home Office 的缩写，指的是小型家居办公室。靠着电话、传真、电脑、互联网，SOHO 与外部世界随时取得沟通，连办公室租金也省了。SOHO 之所以备受现代社会的欢迎，好就好在其工作方式的自由、开放、弹性，还有其生活态度的时尚、轻松、随意。一个人一旦 SOHO 了，工作时间就全由自己掌握和调配，完全不必看领导的眼色，要加班就拼命加班，要休息那"黄金周"说有就有。

钟健夫就是 SOHO 一族。他在广州华景新城的家，有两套小房，紧挨在一起，一套生活，一套办公。两房门距约 30 厘米，有一年中央电视台请他做节目嘉宾，先要拍他的短片。他现场演示了自己的上下班模式：一脚踏过去，就上班；退回来，就是下班了。

钟健夫深信所有的知识者和创意人，都不愿意到单位或企业上班，不是因为懒惰、不想赚钱，而是渴望一种自由自在的、无拘无束的工作方式，比如，在家上班，想什么时候工作，就什么时候工作，作品通过互联网传送出去，然后收钱。他个人最渴望的生活工作方式是：每天在风景如画的世界各地旅游，随身带一部手提电脑——当然还有妻子，一边玩，一边工作，作品通过互联网发出去，钞票自动进入信用卡。

身为SOHO，钟健夫偶尔出去讲课，或去客户那边咨询、采访，但主要时间还是在家里工作。他不是很富裕，但活得很自在。尽管还没有足够多的钱游遍世界各地，没有达到理想境界，但他知道，许多知识者和创意人都希望过他这种生活。

身为知名的品牌专家，钟健夫在家待着，全国各地就会不断有人来联系，要求提供服务。外省的客户一般他是不敢接的，因为要出远门，他通常只接广东的客户，因为近。当然，有时手头的工作做完了，符合条件的客户又不来找，他就在想，那些有才华但暂时没有什么名气的SOHO怎么办？

钟健夫固守己见，认为SOHO肯定能流行，并且可以成为许多知识者和创意人的主流生活工作方式。他认为，SOHO眼下之所以不流行，主要是没有人或组织去主动地组织SOHO们，为之创建新的生活工作模式。现在较为成功的SOHO，基本上都是一些专栏作家。但是在中国大陆，一个SOHO完全靠稿费养家糊口，是件非常不容易的事情，要想购房置业，就更难了。

为今之计，只有依靠相互间的智慧和技能，创建自己喜欢的生活工作方式。钟健夫坚信，那些敢于选择SOHO生活工作方式的人，一定不是凡人，而且会是有才华、有技能、有创意的强人、超人。他曾经创办了一个波比文化创意网，在2006年1月29日，那天正好是狗年春节，为了赶这个日子，他与合作伙伴硬是将一个"博客"系统和一个"论坛"系统组装起来，看起来有点怪。没有办法，时机是最重要的。在家工作者就是能够利用互联网，靠自己的智慧和技能，创新人类生产模式，创作独特精神产品，创造新的生活方式。钟健夫为此写了一条广告语叫："全世界在家工作者，联合起来！"

那么，为什么要选择狗年？为什么要叫"波比文化创意"而且是以狗的名义？很简单，钟健夫属狗，儿子也属狗，他这一生中每逢狗年总有大事要发生。而那只叫波比的狗，诞生在天涯社区，最初出现在他创作连载的创意小说《一只狗的品牌见解》之中。波比是一只有知识的狗，能力超过所有的人，说穿了就是一只"狗人"，或曰披着狗皮的人。著有《江湖伦敦》的英国剑桥大学天才少女陈叠，在网上看到关于波比的连载后，专门寄来一幅 43×61 cm 的沙皮狗印刷图片，这是朋友送给她的生日礼物，她转送给钟健夫。图片中的沙皮狗憨态可掬，上有一行题词："请别打扰！天才正在工作。"

四　网络新力量

　　只要有人在上网，"拍砖""宅男""打 CALL""违和感""获得感"等网络流行词就是一个客观存在。经过时间的自然筛选，人们在使用网络流行词的过程中会将有用的或是方便的留下来，将那些多余的、不被普遍认同的全淘汰掉。谁说网络流行词就不会进入辞书，从而成为共同使用的规范用语？

拍砖

【释义】 提意见。

【例句】 谁说我不敢~？

　　网络语汇新力量，省里一把手也重视。却说 2008 年 2 月 3 日，时任中共中央政治局委员兼广东省委书记汪洋和时任省长黄华华在奥一网等网站发布了《致广东网民的一封信》，令不少网民深感意外的是，信中使用了当时的网络流行语："对于共同关心的问题，我们愿意和大家一起'灌水'；对于我们工作和决策中的不完善之处，我们也欢迎大家'拍砖'。"

这封公开信，令广大网民击节赞叹，感到"特别亲切"。公开信发出两个多月来，省内外网民留言 5 万多条，点击超过千万次。书记省长相邀拍砖，广东网民争相呼应。奥一网的民间参政议政互动栏目——"捎给汪洋书记的话"随之走红网络，网友们共同为广东存在的问题、为如何解放思想大胆建言献策。至那一年 4 月 14 日的统计，共有网民发帖 3 万余条捎话给汪洋书记；而在"有话问黄华华省长"互动专题中，发帖也超过 1 万条。当中有 10 篇拍砖，还被网友们称为"岭南十拍"。"一拍现实问题，二拍思想破立，三拍利益分配……"在全省领导干部会议上，汪洋书记曾将"十拍"的主题逐个念了一遍。

自从有了互联网中的网民互动，就有了拍砖。在论坛、博客、微博、微信包括公众号上发帖，总是有人要看的。看了不点赞不评论，是谓"潜水"。只要评论，就是"灌水"。有些跟帖属于赞同和欣赏，那属于"顶"。故此，也有网友就敲一个"顶"字，以"留脚印"并表明读帖态度。也有网友会敲一个"闪"，那意思就是不便发表意见。若敲"路过"二字，则表示只是随便看一下帖子，也不发表意见。微博和微信所增设的点赞键，令点赞者在"路过"时，顺带也表明了赞同的意思。至于微信公众号上开通的"打赏"功能，则更进一步体现了点赞的含金量。若跟帖涉及不同意见，就是"拍砖"了。

有了拍砖，论坛、博客、微博、微信和公众号才热闹。你方拍罢我登场，网民就某个热点话题相互交锋，发帖时观点直率、论据有趣。有时候，读跟帖中的拍砖，比读主帖更为精彩。由于用的是网名，怎么拍砖也不必担心有人打击报复，这就印证了一个"拍砖定律"：网络上用假名说真话，现实中用真名说假话。现实社会里在所难免的大话假话与空话，在拍砖时绝对不会出现。真话有时未必是好听的话，却是网民真实心态的直接反映。

无缘无故骂人，亦是拍砖之一种，这在各论坛各博客已屡见不鲜。这一类拍砖，大概是把网络空间当成了不健康的排泄场所，其人在现实生活中所遇到的郁闷、焦虑、挫折与不公，似乎都要在不乏污言秽语的宣泄中找回内心的平衡。这一类拍砖多了，客观上造成了网络世界的不文明的氛围，甚至沦为一种"网络暴力"。一些原先访问量很大的博客，最后关掉评论谢绝跟帖，甚至于关门大吉，就是被这种拍砖拍得头破血流的结果。不少人老是呼吁网络要实行实名制，也是基于遭遇这一类拍砖时网民的无奈。

不必因为某些人的扭曲，就否定拍砖本身。如果说"益者三友"，"友直、友谅、友多闻"，拍砖就是那些个难得的不见面的朋友。在纷纷呈现的不同意见中，善于倾听的每个人都会因此清醒起来、聪明起来。

回到书记省长诚邀拍砖的话题上。却说2008年4月17日那天，广东人的网络生活发生了一起大事件：20多位拍砖者走出了虚拟世界，要在广州珠岛宾馆与书记省长再来一场拍砖。来者有金心异、老亨、呙中校、平海、三季稻、安增科、郭巍青等，都是"岭南十拍"中的知名网友。

"以前在网上发言很'放肆'……""今天你仍然可以'放肆'！"网友金心异与省委书记汪洋在珠岛宾馆的一说一答，引起现场一阵笑声，也开启了拍砖现场开放、活跃的氛围。汪洋其实与网络有着深厚的渊源，一直被网友们亲切地称为"汪帅"。在重庆工作时，汪洋曾公布个人电子邮箱，向全球网友征集建设"统筹城乡综合配套改革试验区"的意见，这在当时也是中国省部级官员通过网络向全球问计的首例。汪洋到广东工作后，马上就有网友迫不及待地在网上发问："汪帅，能和你聊聊吗？"

"千里迢迢见汪帅，千言万语要表白。只能汇成一句话，语无伦次莫见怪。"终于能够当面"聊聊"，网友安增科在现场念的一首打油诗，表明了面对面也要说真话的拍砖态度。书记省长与网友面对面的意义，更重要的是对社会建设和民主建设的一种探索，是对网络意见的重视与接纳，正如《致广东网民的一封信》上所指出的："互联网打破了传统社会架构下的沟通壁垒，使我们之间的直接对话、平等沟通成为可能。"

网红

【释义】网络红人的简称，因某个事件或某种行为而被网民关注从而迅速走红的人。

【例句】你和你的淘宝小店都成电商～了。

古人曰：古来圣贤皆寂寞，唯有饮者留其名。若在今天，"饮者留其名"之最佳路径，靠的便是网络直播，靠的便是跻身网红。

网红，某种程度上可视为名人，只不过其出名的平台必定依附着网络。自古及今，多少人做着梦都想出名，但也只有网络时代，才让每一个人都得以圆这成名的梦。有人总结出成为网红的四种主要路径：一是艺术才华成名，二是搞怪作秀成名，三是网络推手成名，四是一不小心成名。这第四种最难预料，一款沉思表情、一次开怀大笑、一个公众事件的参与、一种出乎意料的举动……因为网络上病毒式的迅速传播，都可以成为网红。

有网红，就有"网红的脸"。也就是说，能不能成为网红，长一张网红的脸还是具备更易走红的先决条件。所以，在某些文化活动或娱乐现场，当看到一群样貌和表情似乎都一个模板出来的少女都齐齐举着自拍杆，大家就知道遇上一群网红了。网红是网络时代的产物，从微博到微信再到直播，多样化的网络平台，是网红层出不穷的可靠保障。

网络总在更新换代中，有人还归纳出网红从出现到发展的"三个时代"：文字时代的网络红人、图文时代的网络红人和宽频时代的网络红人。不同时代有不同时代的网红，比如说在2016年，一家网站列举了十个最具话题性的网红：Papi酱、王思聪、薛之谦、大张伟、咪蒙、龙友林、傅园慧、张大奕、艾克里里、MC天佑。Papi酱的走红应属宽频时代的典型产物，她在2015年推出的日本马桶盖、男女关系吐槽、烂片点评、上海话＋英语等系列视频，都能获得很高的阅读和转发量，2016年她凭借变音器发布原创短视频内容更是备受关注。如果说，Papi酱成为网红是有意为之的结果，那么，傅园慧的网络走红则是不按套路出牌的率性处事颠覆了人们对运动员以往印象的产物。

在2016年巴西里约奥运会100米仰泳决赛后的采访中，国家游泳队运动员傅园慧因率性真实的回答和夸张鬼马的神情圈粉无数，瞬间红遍网络，成为集万千宠爱于一身的国民表情包。变身奥运第一网红后，傅园慧的传播影响力和商业价值也迅速升高。其微博4天增粉400万，平均每条微博下数万留言、几十万点赞，其直播的首秀吸引了 1054 万人在线观看，该数据亦打破了映客平台以往的直播纪录。在各路媒体"追热点式"的传播下，"洪荒之力"亦成 2016 年网络热词之一。

又如果说，傅园慧的走红打破了奥运偶像传统的产生模式，反映了社交媒体时代的体育娱乐化趋势，那么，知名分析师任泽平在 2017 年 12 月入职恒大集团，担任恒大集团首席经济学家（副总裁级）兼恒大经济研究院院长从而成为网红，则反映了网红产生的不拘一格。当然，任泽平成为网红与网红脸、表情包均无关系，网民甚至不需要记得他长什么模样，擦爆朋友圈的是他高达 1500 万元的年薪，因此引来纷纷的"年薪都赶不上人家月薪"之感叹。当然，由此亦带出对这位知名分析师的网络再分析，并分析出他每月需要缴纳的税额高达 54.7 万元，占月总收入的 43.7% 云云。

当不当网红，对恒大集团的这位新高管并无多大关系，因为任泽平这个名字在业界早已成名。同样不想当网红却又无可奈何的，还有广州作家张梅。因为台湾著名诗人余光中 2017 年 12 月的辞世，网络上随之热转题为《写给未来的你》的散文，随后余光中的女儿发布声明否认此文为余光中所写。其实，早在余光中的女儿发布声明的两年前，张梅已在网络上为自己的这一"被署名"作品维权，只不过收效甚微。"张冠余戴"，散文的走红令张梅也成网红了，知名度的继续提高肯定属于好事。只不过，身为广东省作家协会副主席的张梅在业界早就有了知名度，其创作曾获中国庄重文学奖、中国女性文学奖、中国电视金鹰奖、广东鲁迅文艺奖等多个奖项。

于一个有担当的作家而言，归根结底还要靠作品说话。张梅出任过由巩俐、梁家辉主演的《周渔的火车》之电影编剧，

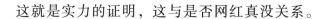

这就是实力的证明，这与是否网红真没关系。

博客

【释义】英文写作 BLOG，就是网络日志；也指写 BLOG 的人。

【例句】这件事我在～全披露了，你上网看就行。

博客是 21 世纪的产物，形成"博客热"则是在步入新世纪几年之后。热潮过后，仍坚守着博客，不离不弃者，于今还有多少人？成为博客不难，难的是持之以恒。

作为随互联网而出现的网络交流方式，博客既是网络时代的个人"读者文摘"，是以超级链接为传播工具的网络日记，也是新生活方式、工作方式和新学习方式的一种代表。写博客，当然是要给人看的。在新浪 2008 年 8 月的 BLOG 总排行榜中，访问量超过 1 亿的，有徐静蕾、韩寒等 6 人。上亿的阅读量，是一个什么概念？这样的读者群已大于好多传统的纸媒出版物。月发行量 100 万的期刊，要积累与之相当的读者量，也许还要经过 10 年时间。可是，徐静蕾、韩寒们连眼睛都不用眨，就把这个传播力和影响力给解决了。

2008 年 8 月，在新浪 BLOG 总排行榜排第四位的，是当年明月的 BLOG（注：到 2017 年 11 月，他的排位在第 23 位）。遥想当年，明月当头，一个寂寂无闻的年轻人，在灯下每天埋头写博。只不过，他的博客内容是"明朝那些事儿"。见历史可以写得那么好玩，路过的新浪博友都会停下脚步看上那么一眼，结果一看就上瘾了。好多人以后每天都来，不来就不知道朱重八和他的子孙们又做出些什么惊心动魄的"事儿"。像这样路过了，就每天都来的新浪博友，越聚越多。

所谓"当年"，其实就是2006年。当年明月是2006年3月开始在网上写"那些事儿"的。到了5月，他在新浪开博，以后就一日一博，日日写、月月写。阅遍新浪所有博客，恐怕找不到一个像当年明月一样的角儿了，写博客以来皆独沽一味，所写者全都是"明朝那些事儿"，非常纯粹。

当年明月真名叫石悦，写博客时，在佛山南海海关工作。但他又表示，自己是不是石悦并不重要，重要的是活在博客上的当年明月以及"那些事儿"。想到那么多的博友每天点开他的BLOG，等着看"那些事儿"的新进展，自己做人就一点都不敢松懈。根据"历史应该可以写得好看"的自拟宗旨，他为网络而活、为博友而活——至少，目前的当年明月是这样。

"事儿"一热便不可收拾，网媒后来落地成纸媒，《明朝那些事儿》一集连一集，又成为持续火爆的畅销书。书又一再加印。除去大量盗版的事实，他应该还是能赚到一些钱的。不过，当初他决定要写"那些事儿"的时候，没想过要出书赚钱，甚至也没想过要凭此出名，所以才取了个虚拟的网名叫"当年明月"。

一不图名，二不图利，却又锲而不舍地写"那些事儿"，那么，他到底图的是什么？当年明月记得，读书时，老师曾经说过："做事不能坚持到底、不能全心全意的人，终归是个弱者。"虽然老师不一定指的是他，但他觉得这句话对自己触动很深。他决定做一件事情，只为了证明自己是可以把一件事情做到完全彻底的。

从2006年3月起，事情付诸行动，那就是把总共276年的明朝历史全都写出来。当年明月对自己说，等"那些事儿"全都写完的时候，就可以告慰自己："我是一个有勇气的人！我终于做成了一件事情！"他当时只在想，哪怕这个文章只是自己一个人看，哪怕永远不出书，也会把它写完。然后，他可以把"那些事儿"打印出来，若干年后给自己的儿子看，然后笑着告诉儿子："你的父亲是一个能够坚持到底的人！"

做一个能够坚持到底的人——写博客的真谛其实正在这里。至于访问量有多少，那又有什么关系呢？大了当然好，不大也无所谓。重要的，是自己做了，坚持不懈地做了。谁说，做人不讲究个态度？如果说，玩博客真能玩出一种博客精神，那么，坚持不懈就是。

播客

【释义】数字广播技术的一种；也指声频或视频的网络平台发布者。

【例句】我刚上传了一个"男版兰董"～，想知道里边会骂谁吗？

有了博客，就有播客。网络世界，"客"源不绝。播客是podcast的中文直译，其实就是个人的有声音有图像的网络平台发布者。播客的过程中，网络用户可以将自己制作的"广播电视节目"上传到网上，将自己的声音或影像与广大网友分享。因为播客，人们在拥有了话语权的同时还满足了表演欲。

希望在电影电视中当一回主角、圆一个明星梦，是好多人孜孜以求的目标。可是，如果没有播客，这个梦恐怕不好圆。

如果没有播客，好多人就不会产生拥有自家电台或电视台的错觉。如果没有播客，芙蓉姐姐就不会一夜成名，好多长相和演技平庸的后继者也都不会一夜成名。"出名要趁早"，张爱玲多少年前说过的话，因为播客又不断被人们提起。

出名当然还要讲究个方法，比如芙蓉姐姐，就属于播客之典型环境中的典型人物。她所播放的轻歌曼舞中不乏夸张的 S 形身材，是博取播客点击率的卖点所在。江山代有才人出，网络世界中的播客展现，总是让人目不暇接，总会引来说不尽的热门话题。

然后又出了个兰董姐姐。这个播客总是戴着墨镜，一边翘着兰花指，一边用尖酸刻薄的语气狂骂，骂了"80后"之后又骂"90后"，同时她还会显摆自己的名车名包："你们一辈子都买不起，可我买了几天就不喜欢了。"兰董姐姐口气很大，乍一露面就遭到网友的拍砖。不过，正是由于大众的反感，她的"播"欲更显强烈。

上述"姐姐"们若与宋祖德比较，则恐怕是小巫见大巫。宋祖德在新浪的播客与博客、微博一样火。你看他的播客，正儿八经地用个纸牌写上名字，然后与嘉宾就某个娱乐热点人物煞有介事地点评一番。宋祖德的嘴很损，被说到的娱乐圈人物，什么疑似见不得人的事都得全面曝光，包括某某女星是个变性人之类，听了不由你不惊讶，可就是越听越想听。宋祖德的嘴很灵，像"艳照门"这样后来非常轰动的事情，某某女星和某某女星的"艳照"却早在他的预料之中。他在播客（以及博客、微博）中的预言，已经应验的据说有不少。

宋祖德专拿娱乐名人说事，自己也是个娱乐名人。现在好多人像上了什么瘾似的，若看不到宋祖德的播客更新，听不到他在骂人，就觉得人生会少了很多的乐子。的确，播客宋祖德似乎是个专为娱乐圈而生的娱乐人物。尽管网络上他遭受的拍砖最多，平常好多人一提到他总要轻蔑地加个"大嘴"前缀，以示"大嘴"里吐不出好象牙，可就是非常欣赏他的娱乐精神。总之，有一天"大嘴"闭嘴了，好多人都会很不习惯的。

都说"英雄莫问出处"，他的出处倒不妨多说几句。某年某月某一天，广州街头曾经蹲着一个摆卖"海南纪念品"的略显腼腆的小伙子，海螺海星海花……五元十元卖一件。这样赚了一些钱，小伙子又在广州某大厦租了一处写字间，注册信息服务部，售卖家庭教师、找工跳槽、房地产等相关信息。没错，他就是宋祖德了。宋祖德出生成长于江苏镇江、就读于上海某大学，以广州为创业基地，后来在医疗器械、保健用品、影视制作等多个领域都取得了成功。他小时候很穷，穷得是窝在乡下的泥土小屋里长大的。他渴望出人头地，致富之后，更寄望于做人的全面发展。除了做商人，他还很看重诗人身份，以及社会上的荣誉地位。

平日里要忙的事情那么多，宋祖德为什么还痴迷于当播客？从他的曲折成长经历，可证多少年前美国人马斯洛所论述的人的"五个等级"需求，所有"等级"，一个不能少。通过网络传播手段可使当事人成为焦点人物，播客正好满足了有关"等级"的诸般需求。这就难怪，播客手段甫一问世，就有相当多的普通人有如找到了出名的捷径，寄望于跻身宋祖德们的行列里来。

晒客

【释义】爱在网络上与人分享的人。

【例句】 ~也是一种个人寻找群体的联络方式。

若没有网络，就没有形形色色的"客"；若没有网络，好东西、好心情都只好自己掖着藏着，不可能"晒"得那么开心。

译自英文 share 的这个词，妙就妙在巧借了中文中的"晒"，把东西放到阳光下去！"晒"的过程，是展示自我的过程，也是人与人之间交流、沟通、分享的过程。在没有互联网之前，除非举办个人影展、书画展、藏品展之类，不然是不可能把个人的这么多好东西连绵不断地晒出去的。

从论坛、博客、微博，再到微信，网络世界的这些优质传播平台，正好满足了晒客们的需要。摄影作品是最常见的晒品。数码相机的迅速进入家庭，使人人都成了生活中的摄影师，或寄情于名山大川诗情画意，或着眼于生活谐趣小资视角。

晒衣晒食晒生活，是大多数晒客的常态之晒。走过千山万水所尝过的美味佳肴，"晒"出来可让过客多停几分钟脚步；哪怕是自学成才所擅长的几样家常小菜，同样会让看客边看边流口水。哪里淘宝淘到的时装、化妆品、小饰物，当然可以大晒特晒。开始为人父母了，小宝宝自是越晒越可爱。至于古董、邮票、奇石、名画、名酒什么的，天天晒等于天天举办个人藏品展。怀怀旧，晒晒旧时物品以及老照片，岁月的痕迹于是又历历在目。

就连晒工资这活，都有人在网上干，而且还非常流行。晒客不仅公布行业、职业、区域、从业年限，还把基本工资、职务补贴、工资津贴、通信补贴、养老保险、医疗保险、扣税等一一罗列，最终还注明实发金额，有的甚至将工资条的照片发到网上，以表明晒客信息的真实性。

自 2008 年 7 月上旬起，因为"俯卧撑"井喷式地成了网络新流行语，时为广东电视台节目主持人的区志航的"景·观"一晒，猛然间成了网络里的热门话题。其实，他的裸体俯卧撑介入人文景观的"景·观"摄影作品，已实践好几年了，所晒摄影作品的背景，有北京"奥运鸟巢"、长城八达岭、央视新厦，有上海东方明珠、外滩，有广州中信广场、电视新塔，还有四川乐山大佛，香港金紫荆广场，等等。其间，他办过个人展览、出过画册。说到广东电视台本身，也没有对他的特别一晒有任何干预，因为他回到工作中，仍一直保持旺盛且充满热情的干劲，所主持的时尚类节目有不错的收视率。

区志航晒"景·观"已晒了好几年，2008 年 7 月 6 日，在博客上又发了个题为《超越"做俯卧撑"的〈景·观〉》的帖子。他写道："我爱我的祖国，也爱我的身体。我以自己渺小的身体和行为作公器，用人们熟悉的，体现着积极、运动、健康和虔诚的俯卧撑，不断重复于中国不同时期堪称'奇迹'和'世界之最'的标志性人文景观，并与之对话，让原本无足轻重的个体彰显出伟大的意义。"他认为："我做俯卧撑与网络流行语'做俯卧撑'的含义是截然相反的，希望大家都来做'区式俯卧撑'——积极关注和思考我们的国家与社会。"

"景·观"之晒，于今不息。"区式俯卧撑"因此也长期置身于网议之中，作为主人公的区志航自己对于网议倒是十分平静。他只想做好自己，更希望晒到全世界去。倘若有一天，人们在美国自由神像、俄罗斯克里姆林宫、法国埃菲尔铁塔、德国柏林墙……看到有人脱光光，那么，且保持平常心好了，那只是一个中国晒客，在向奇迹般的人文景观表示一种致敬。

晒客是阳光的、原生态的。晒的过程，本身也是晒心情的过程。

极客

【释义】善用极致手段的网民。

【例句】走到大街上，无人知我是网络江湖风头很劲的～阿三。

自从有了网络平台，便"我的地盘我做主"，"客"字原本具有的词义词性就受到了根本性的颠覆。现在大凡后缀一个"客"，往往都与网络手段有关。那么，"极客"又是个什么"客"？

这个网络新词，最早来自 cheek，本义是在狂欢节或马戏团中进行奇怪表演的小丑。在西方文化中也曾是个带贬义的词，引入网络世界后，一度拿来称呼黑客。后来，黑客有了"黑"的特定指称，极客就脱胎换骨，俨然成了网界精英的代名词。一件事如果做到了极致，不想成功都很难。同理，如果充分利用网络手段，把微信、微博啊什么的玩到了极致，不想出名也是很难很难。玩出聪明，玩出技术，玩出不拘一格，玩出多才多艺，这就有了极客。

极客，或许也可以叫"超级玩客"，或曰"极致玩客"。或问：什么是极客的极致？答曰：凡有极致就不是极致了。极客之好玩，正在于可以不断玩出新意思，在所谓的极致上再玩新突破。

都说时间是有限的，极客却可以通过打字速度去提高时间的利用价值，比如"就是就是"，当然不如"9494"来得快；"7456"，音同"气死我了"；"5420"，相当于"我是爱你"；还有"886"和"88"，都是"拜拜"。数字可用，拼音字母也无妨，"LP""LG"，于是就成了"老婆""老公"；说"PF"就是"佩服"，说"PMP"就是"拍马屁"，"PMPMP"则成了"拼命拍马屁"；至于"TMD""BT"，则是骂人的话了。

更有超极致的造字"走召弓虽"，何解？说穿了谁都会哑然失笑，就是"超强"的意思，以表对所述人和事的极度赞扬与崇拜。键盘上重复敲击一千遍一万遍，所有造字就都被使用双方、多方所认识。没有极客，就没有网络流行词。极客造字这名堂，真是"走召弓虽"！

玩出多才多艺，这才多姿多彩。前面"播客"词条中提到的广东商人宋祖德，时而在"播客直播室"中充当娱乐圈的监察工作者角色，揭露种种匪夷所思的娱人内幕；时而有感于"独乐乐不如众乐乐"，把自己摆上"宋祖德 PS 大赛"，让网友PS 出"宋老板""宋少妇"等极其搞笑的网络形象。至于芙蓉姐姐大秀 S 形身材的"才艺表演"，亦非常符合极客极能搞的游戏规则。因为极能搞，有个名叫 AYAWAWA 的女孩喊出了"比我聪明的没我漂亮，比我漂亮的没我聪明，我智商 145"。反正也不可能有人去给她测智商，漂亮不漂亮则是"各花入各眼"，于是就有了"145"的极客外号。

曾掀起网络视频热潮的广州美院搞笑组合"后舍男生"，也属于极客。黄艺馨、韦炜这两个大男生，因自创了爆笑的"假唱"MV 视频，成为广东所出现的极具人气的搞怪网络偶像。其搞笑视频的内容是以酷似"双簧"的对口型形式，演绎当下最热的世界流行歌曲，并以普通摄像头一气呵成地拍摄成网络版的 MV。大概是因为他们第一首对口型的 MV 是后街男孩的歌，所以就有了包含"后宿舍"之意的"后舍男生"。

这个"后舍"，其实也表明了大多数极客那极度张扬、极度娱乐的个性表演，只发生在虚拟了的网络空间（后舍），回到现实社会，则还是必须遵循现实中的游戏规则。好在，生活中因太多的戒律而未能满足自我者，却可以在虚拟世界中玩极客而玩到极致。

拍客

【释义】拍摄数码照片、影像并利用网络公之于众的人。

【例句】小心遇上~！

如果说，前面提到的网民诸"客"，都有表现自我、张扬个性的共同特点，那么，拍客的最大不同点是要把"我"隐蔽起来。因为，拍客手中的数码照相设备的镜头，永远对着除自己之外的所有人。

如果说，人们记录世界、表达世界的方法有好多种，那么，拍客选择的则是数码图像。不过，拍客的准则是求真、务实，但求原生态地还原某时某地某人某事的图像甚至声音真实。

拍客是技术时代的产物，在数码照相设备未曾发明、生产出来之前，所有天生具备拍客潜能的人只能是无所事事。拍客更是网络时代的宠儿，若不是网民们被允许随意并且匿名上传图文数据，就不至于一次又一次地触动各种社会热点。网络世界的传播，往往第一时间在现实社会中掀起波澜。

拍客无处不在。那回在香港，一个巴士阿叔与一名眼镜青年在车上因琐事吵起来，结果遇上了拍客。吵架的声音和影像随之被搬上了网络，由于这一情境触发了实际生活中太多人所面对的"未解决"问题，于是迅速在网络上流行。接下来，广州也出现了一个巴士阿叔，一样的脾气不好、一样的无理取闹。其实，大家在观看拍客记录的不同版本的巴士阿叔时，并不对此感到陌生。像这样不讲文明礼貌、有违社会公德的人和事，平常不是没有碰到过，只不过不像因拍客的出现而引起强大的共鸣而已。

拍客所激活的，是新闻监督之外的又一种舆论监督。我们的新闻从业者不可能多到像维护社会治安、交通秩序的角色一样，在凡有人流的地方都站一个岗。拍客于是挺身而出了。毕竟没有经过专业训练，毕竟不懂得什么叫做新闻纪律，拍客所拍，未免会捅出不少娄子。社会一方面感激他们在舆论监督上的拾遗补缺，另一方面也谴责他们对隐私权的侵犯。广州市有关部门在管理公共交通时也曾借用过拍客的强大力量，后来在太多的责诟声中也只好取消。

今天，由于新一代手机都设置了图片和影像的拍摄功能，这就无形中为拍客现象推波助澜。虽说也有偏爱拍摄隐私、拍摄不雅的另类拍客存在，但绝对代表不了拍客的主流。真正的拍客，天生就有一种社会责任感，爱思考、有良知、讲正义。与网络上别的"客"不同，拍客追求的是无名英雄的境界。

必须揭开的一个天大秘密是：拍客其实就在我们身边，有可能是你、是他（她），也可能就是我。

拼客

【释义】合在一起去做一件事。

【例句】本～网诚意为番禺居住、天河上班的广州～提供拼车服务。

"三分天注定，七分靠打拼，爱拼才会赢……"用闽南话唱出这首歌，那"拼"是拼搏的拼。

"爱拼才会'盈'"，"拼"义又怎解？此乃拼客的拼，网民都知道。不是网民，当然就不知其中盈利的奥妙了。

拼客是一种时尚、一种潮流、一种生活的态度。诸如旅游、购物、租房什么的，拼客拼生活，既方便了自己，也方便了别人。凡消费生活，就有拼客。在物价老是上涨、CPI不断攀升的这些个年头，拼客是见招拆招的省钱一招。按拼客网站说法：拼客就是联合更多的人、形成更大的力量、花更少的钱、消耗更少的精力、做成想做的事情、获得更多的快乐、享受更好的生活。

在没有网络之前，类似的合在一起消费的模式，似乎不应叫做拼客。比如说，AA制。AA制基本上发生在认识的人之间，同学、朋友、同事，一起消费时采用的是"为自己埋单"的方式。作为向西方国家和地区学习的极端例子，AA制也有可能发生在夫妻、父子之间。但是拼客常常是在不认识的人之间分摊费用。

正如博客、播客、拍客、极客等带"客"一族一样，拼客是为网络而生的。拼客之间的来来往往完全依赖网络，招之即来，挥之即去，该付出款项数目核对无误之后，就一拍两散。至于有拼客因此相熟起来，后来拼到一个圈子中成为生意上的伙伴，或是最后拼到一个房子里结对成为夫妻，那已与拼客的初衷扯不上任何关系。

网络上鼠标轻点，手机上手指轻触，人们成为拼客的机会非常多。有人爱拼房。刚参加工作、收入不高的年轻人，想解决租房问题，只要在拼客网站上发个帖子，很快就能找到拼房伙伴，这样就可以分摊房租、节省开支。不是一家人，也进一家门，哪怕是原先不相识的男女青年。

有人爱拼车。公交太慢，地铁太挤，打车太贵，不如和邻居一起拼车上下班吧。作为私家车车主，正为不断上涨的油价和停车费发愁呢，这从天而降的均摊车费，正好解决问题。推而广之，周末郊游可拼车、长假回家可拼车、出差办事也可拼车，真是舒适快捷兼实惠。还有人爱拼卡。都市生活，样样有卡，购物卡、游泳卡、健身卡、美容美体卡等等，这些卡一般都有使用期限，靠一个人很难在规定的期限内用完一张卡的使用次数，几个人合用一张卡，就能实现其最大使用价值了。

人在都市，似乎没有什么是不能拼的。拼购（主要是团购）、拼游（参加旅游团）、拼餐、拼保姆，诸如此类，拼客是网络化生存中的生活指南，是城市资讯互通有无的服务体验。

粉丝

【释义】某特定对象的爱好者。

【例句】我是你的～啊！

若在40年前，粉丝就是一种食品，一种用绿豆粉、土豆粉、地瓜粉等做成的丝状食品，别无他义。而在今天，它的词性词义已彻头彻尾地异化。许多年轻人对这个新词语爱不释手，简直就成了时尚的代名词。一个人若连粉丝都不懂，或做人过程中什么"粉"什么"丝"都不是，那实在是太老土了。

学英语，知"fans"，"fan"是什么什么的爱好者的意思。凡有文化娱乐体育活动的地方，就有产生爱好者的条件，但粉丝的最终出现，得由偶像级人物说了算。故此，把粉丝理解成追星族也不会错。

这个现代新词语被社会所广为认知，恐怕得感谢"想唱就唱"的超女大赛。尤其是在第二届超女大赛中，随着李宇春、周笔畅、张靓颖、何洁等原先默默无闻的草根歌手越唱越火，相应地，不同的偶像爱好者就集结成了"玉米""粉笔""凉粉""盒饭"等粉丝群体。

粉丝支持自己的偶像有各种各样的方式，比如购票参加有偶像参与的演唱会、购买偶像发行的正版音像制品，又比如在相关的大赛 PK 中为偶像进行手机投票、网络投票，再比如偏爱于选购偶像代言的各种品牌产品，以及响应偶像号召开展各种公益活动，等等。

粉丝其实不仅仅局限于歌迷圈子。2006 年，央视《百家讲坛》节目一不小心把厦门大学教授易中天塑造成了"学术超男""麻辣教授"，狂热的粉丝于是喊出了"嫁人就嫁易中天"的口号，"意粉"或曰"乙醚"随之涌现在大江南北、长城内外。《百家讲坛》催生的粉丝还真不少，热爱于丹的，叫"鱼丸"；拥戴阎崇年的，叫"年糕"；还有追捧纪连海的，则成了"海飞丝"。诸如此类，读书于是变成了很好玩的事情。

有粉丝还总结归纳出"粉丝精神"的一些鲜明特点。比如"团队精神"，粉丝们都是来自五湖四海，为了一个共同的偶像，走到一起来了。又比如"坦率精神"，之前的追星族都把爱意藏在心中，不善于表达，如今粉丝的喜欢态度不再含糊，该挥动荧光棒时，就勇敢、热情、狂热地挥动起来。再就是"PK 精神"，粉丝的忠诚度很高，不允许任何人说自己偶像的不是。所以不同粉丝之间发生"口水战"是常事。

1980 年春天，改革开放的第三个年头，广州刚问世的《周末》画报由于塑造了"乐叔和虾仔"这一对漫画形象，竟成就了最长时间、最大范围的粉丝群体。一对组合中，一个是性格豪爽且诙谐的茶楼退休工人，无论晴天阴天总爱随身携带一把雨伞，更兼会点武功；一个是活泼机灵、遇事必问个为什么的学龄前儿童，还理着个出彩的"逗号头"——这一老一少无处不在，专爱打抱不平，简直就成了老百姓中间爱憎分明、评判是非的代言人。

在长达 10 年以上的时间里，大凡社会热点难点敏感点，系列连环漫画中的"乐叔和虾仔"总能见招拆招，成了无所不在、无人不知的平民偶像。哪怕一期不见，读者焦虑兼不解的电话和信件便会袭向画报编辑部："请问他们哪里去了？是发生意外了吗？""真怕乐叔有个三长两短，而且，广州的车辆那么多，虾仔可千万小心啊！""见不到他俩的面，总觉得少了点什么……"

到上世纪 80 年代中期，当时的广东电视台又推出了同名电视系列小品，使之成为珠三角地区周末电视节目的最热选择。"乐叔和虾仔，处处立新功……"电视机前那熟悉的旋律，老广东人大都记忆犹新。那时候没有粉丝一说，若然换在今天，跻身于"粟（叔）米""虾粉"或"虾乐丝"者，真不知数量会有多大！

曾经极大地丰富着广州人文化生活的这一对艺术形象，后来没有像迪斯尼的"米老鼠和唐老鸭"一样，成就为不衰的文化品牌。缺乏一种有说法的粉丝来支撑其存在，不知算不算其品牌不振的原因之一？

人肉搜索

【释义】又简称为"人肉"，网民集体参与的信息搜索，多用于对具体人的搜寻。

【例句】用～，还怕找不到她？

乍闻这词，要不就大吃一惊，要不就不好意思，搞什么搞啊！听多了，才知道它与谷歌、百度等搜索引擎差不多，只为找出东西，变不知道为知道。

搜索引擎（search engine）也是个随网络而来的新词。它指的是根据一定的策略、运用特定的计算机程序，搜集互联网上的信息，在对信息进行组织和处理后，为用户提供检索服务的系统。

可是，搜索引擎不是万能的。比如网络上随意公布的一张美女照，能把美女本人找出来吗？谷歌、百度都不行，人肉搜索却可以。只要提问者提出问题，其他网民就以自己的专业背景、亲身经历、道听途说甚至冷嘲热讽来回答这一切。人肉搜索最引起争议的，是对人的搜索。当成千上万个网民从不同途径对同一个人进行搜索挖掘，很快能够收获关于一个人的一切信息。

人肉搜索追求的最高目标，是"不求最好，但求最肉"。所谓"最肉"，网友又解释为"变传统的网络信息搜索为人找人、人问人、人碰人、人挤人、人挨人的关系型网络社区活动"，据此理解为"贴身肉博（博览、博寻）"大概也可以。过去常说大海捞针是多么的难，如今有了人肉搜索就不难了。

被称为中国最大的娱乐互动门户的猫扑网，应是人肉搜索最早倡导者。猫扑发起的对一次"虐猫事件"的主角追寻，可以称得上是"最肉"的了。2006年2月28日，网上公布了一组虐猫视频截图，记录了一名时髦女子如何用高跟鞋踩踏一只小猫的过程。随后，网友将虐猫女的头像制成了"宇宙 A 级通缉令"，号召认识的网友提供线索。仅仅两天，视频拍摄者的真实姓名、身份证号码、车牌号、地址，甚至大学履历都被网友们公布在各大论坛上。到 3 月 4 日，女主角是黑龙江省某医院的药剂师，踩猫地点在某某县某某岛的情况都公布了出来。

发生在 2008 年 4 月 7 日的这一幕，更证明人肉搜索的功能非常强大。那一天，当北京奥运圣火传至巴黎时，突然有一名藏独歹徒冲了出来，公然袭击残疾人火炬手金晶，并试图抢走火炬。事情确实令人震惊，网友立刻发出全球网络通缉令，紧急启动了人肉搜索。结果，该藏独分子的丑陋原形及详细资料全被公布在网上。接下来，在圣火的全球传递路线中，大凡有藏独分子出来搞破坏，总有人肉搜索使之无法遁形。

参与人肉搜索者，穿行在网络与现实之间：网上发布信息，在网下寻找线索。他们要采取的行动，主要是惩罚婚外恋、家庭暴力等法律所解决不了的"道德犯罪"，其出发点是要维护社会正义与公理，却往往不能把握惩罚与伤害的界线。2007 年 12 月 27 日中央电视台《新闻联播》节目采访的一个 13 岁在校女生，说了句"上次我上网查资料，突然弹出来一个网页，很黄很暴力，我赶紧把它给关了"。随后，"很黄很暴力"就成了 2008 年的第一句流行语，借助网络被一说再说。再随后，人肉搜索出动了，其结果是女孩作为未成年人的隐私权受到严重侵害。

人肉搜索，至今读来还是有点别扭，谁最早想出来的？

驴友

【释义】一起旅游的朋友。亦指代户外运动的爱好者。

【例句】我们的关系先是~，后成女友，哈哈！

网络上敲字，往往图个快。驴友的最早出现，相信是有谁敲拼音敲错了字，又懒得再动手去改，将错就错，遂成时尚用语。"驴"者，"旅"之谐音，驴友，说穿了就是结伴旅行的朋友。推而广之，"驴行天下"，就是旅游天下；"驴人日记"，指的就是游记。还有"驴拍""驴色（摄）"，指的还是驴友的拍摄。

人之一生，除了要读万卷书，还想走万里路。因此，旅行家古已有之。现代生活里，不少人厌倦了"石屎森林"、都市尘嚣，爱抽个空暇到青山绿水间转转，驴友故此应运而生。驴友说得多了，又成了"背包客"的另一种称谓，换句话说，驴友就是那种背着背包、带着帐篷和睡袋的户外运动爱好者。

目前在驴友之间比较热的户外运动，包括远足、穿越、登山、攀岩、漂流、越野山地车等。这种专属于驴友的运动多带有探险性，属于极限和亚极限运动，有很大的挑战性和刺激性，因为可以拥抱自然，挑战自我，锻炼毅力以及团队合作精神，提高野外生存能力。有现代旅游市场的培育，才有如雨后春笋般涌现出来的驴友群体。

精明的商家看准驴友市场，专门为其配备生产了冲锋衣裤、抓绒衣、头灯、GPS、名牌背包、野外露营用品等装备。由此带来的附加效应是：不是驴友者，也偏爱驴友装备。这就满足了都市生活中人们追求时尚、热爱收藏的不时之需。

每年差不多要到黄金周的时候，驴友就开始在网络呼朋唤友了。这颇类似于手机充电，不驴友一回就不知一年的能量从何而来。从另外一个角度看，平时辛辛苦苦地在单位工作，一旦想到下一轮的驴友聚会、想到那新的目的地，就觉得找到了做人目标，于是这一年也就充实起来。

广州驴友这几年发起的"多背一公斤"，堪称驴友界的大事件。一群群酷爱驾车游玩的广州驴友，毋忘多背一两公斤衣物去助贫，由此构成了青山绿水间一道道谱写爱意的风景线。这些驴友的真面目至今都是个谜，而且永远会是个谜。

有记者不屈不挠，逮住一个网名 Johnson 的驴友。据 Johnson 介绍，是乡下兔（网名）建议捐衣助贫活动的一个帖子，在大伙当中引起了共鸣。2003 年国庆节那一回赴粤北山区，各自的自驾车里，便多带了些要捐助的衣服和书籍。自此以后，每逢黄金周便有了对穷乡僻壤的一份关注。

Johnson 记得，那年冬天来到位处粤北山区的一所学校，见一个学生的铁架床上，只有一张草席和薄薄的棉被。"晚上冷吗?""冷……"学生哆嗦了一会儿才把"冷"字说出口。Johnson 感慨，不要小看我们所背来的这些衣物，这对当地的穷孩子来说，是很能解决大问题的。

从 Johnson 的谈吐里，可以感受到今日广东人的那种豁达、那份热诚。他强调，做这些事，驴友们从没有想过要出什么名。其身得修，其人得正，仅此足矣。

推手

【释义】见"策划"条，所不同的是更多用于网络。
【例句】天仙 MM 的背后有个～。

同样一个意思的流行词，在先有了"现实版"之后，又来了一个"网络版"。从目前的流行态势，"网络版"又进入现实生活的词汇中被大量使用，从而出现了"一义两词"的有趣现象。

较早流行的词，叫策划。不过，策划被网络世界虚拟之后，又成推手了。推手本是太极拳中的一款特定拳种，著名导演李安"触电（影）"后的处女作就叫《推手》，片中主人公天天沉浸在"推手"的练功中。此推手非彼推手，网络中的推手属于智力、谋略上的一种运作，或让被"推"者按照套路蹿红网上，或实现某种产品的奇迹般的推广。

"别针换别墅"，就是一个经典的推手案例。一个名叫艾晴晴的杭州美女在天涯论坛上发了个帖子，期望要用 100 天来实现这个"大胆而天真的计划"。第一天，她用别针成功地从一个外国女子手里换到了一部手机，接下来，手机依次换成了珍珠项链、数码相机、邮票小全张、两瓶五粮液酒……别墅最后没有换成，有关当事人最后承认，备受网络关注的这个"中国版童话"，其实是推手所为。

类似的一个个网络"童话"或"神话"，据说背后都有网络推手在运作。推手这个词，也正是在网络上屡见不鲜的传奇中，不胫而走，为现实世界也熟悉起来。一来二去，人们发现，所谓推手，不就是原来所说的策划吗？于是，"一义两词"，完全看使用者的心情，都穿行在现实与虚拟的交汇之中。在广东，一直致力于在房地产等领域做策划的王志纲，由此又被冠以推手的新称号。

2008 年的《南方人物周刊》在《30 年幕后推手》封面策划中，把王志纲列为推手中的策划界代表人物。"他一直在寻找知识分子的'第三种生存方式'——既不依附于权贵，也不向金钱谄媚，而凭借自己的智力投身市场经济获取报酬，赢得尊严。"记者张欢这样写道。王志纲的闻名于世，与为房地产开发商做幕后推手有关。20 世纪 90 年代中期，他因为被顺德碧桂园找去"写一篇大文章"，结果一番"房地产不等于钢筋加水泥"的交谈，使老板杨国强马上刮目相看："大策划要有大师傅，王老师，碧桂园请你当总策划！"

作为王志纲工作室首席策划的王志纲，后来的事业已更多地向区域战略进军，客户包括昆明世博会、丽江新城、重庆三峡、天津滨海新区等等。在接受记者采访时，他说，对目前工作的总结是"找魂"，为企业、为政府、为区域经济做战略性定位，希望通过战略咨询业务，让客户出成果、出机制、出人才、出品牌。

"人生就是三句话，第一句话，让人家接受你；第二句话，让人家喜欢你；第三句话更重要，让人家离不开你。"这个王志纲的哲学，其实也是所有乐于当推手者都会认同的哲学。

PK

【释义】单挑、淘汰、一决输赢。

【例句】讲多无谓，我们～吧！

大多数人最早知道 PK，是因为湖南卫视举办的"超级女声"。PK 重复了十万、百万次，就成新词了。

还有一部分人最早知道 PK，缘于网络游戏。玩家之间彼此对打，得用上英文单词"Players Killing"（缩写就成 PK），总之只有唯一的赢家。

需求，迎合了紧跟时代潮流的公众心态。与粤语中意思差不多的"只抽"，还有北方话中的"单挑""对打"等比较，好就好在风格上的凝练直观，表意功能较高，而且读来有趣。一说 PK，当事人都会会心一笑。输了也就"被 PK 掉了"，没什么大不了的。

要最直观地理解 PK，很容易，每个人手中所握的电视机遥控器，有可能每天上演着无数个频道被淘汰的 PK 大战。电视节目再精彩，PK 中的选择只能有一个。这就告诫从地方到中央的所有电视工作者，你学不了垄断企业，若不努力把心思花在节目制作上，若不精耕细作、创新图强，就有可能被电视观众 PK 掉。

说来好玩的是，把 PK 一词弄得举国皆知的湖南卫视，当初就是为了不想被电视观众 PK 掉，所以才做出了"超级女声"这么影响深远的综艺节目。台上 PK，台下也 PK；"超女"要 PK，收视率也 PK，好玩。

广州本土的电视 PK 情况又如何？得记住 1988 年。那一年，1 月 10 日下午 6 时 30 分，34 频道出现了广州电视台的呼号；2 月 14 日早上 7 时，24 频道亮出广东电视珠江台的台标，8 时 30 分，2 频道又有了一个广东电视岭南台。在此之前的很长一段日子里，电视机里能找到的节目，除了中央电视台，本土就只有一个广东电视台。广东电视，三分天下，用著名评论家微音当时的话说："我省的电视台已呈'三雄鼎立'之势。'三雄鼎立'，势必相争。"

从多年来节目上的独沽一味，到忽然有了三种选择，那一年，电视机前的观众变得无所适从。就说夏日夜晚的那段时间，这边频道的电视连续剧《荆途》正火爆，那边同时又热播《警花出更》，两边都出现观众所喜爱的郑裕玲，只不过那边是"女警官张蔼明"，这边又成了"女记者乐家欣"。郑裕玲 PK 郑裕玲，一时难分难解。只是，那时还没出现 PK 这个词。

不同频道的剧集上，是郑裕玲在自我 PK；等待着收视率赢家的，还有另一个郑裕玲！电视上的她那一年不断变脸，以至于成为推介美容化妆品的美女，甜甜地说着"常用夏士莲，常保娇艳"。电视台之间的 PK，于商家的广告投放来说绝对是一个大事件，终于可以"货比三家"了。竞争态势下，因为 PK，谁都不想被末位淘汰，谁都得绞尽脑汁百般努力。由此，电视观众有福了。

今天的广东电视，谁也没有被 PK 下去，PK 的结果是多赢。在广州地区，昔日的"三雄鼎立"，在发展壮大过程中强强组合，已演变为广东广播电视台和广州广播电视台旗下的多个电视频道。你看广东广播电视台的电视内容，就有广东卫视、广东珠江、广东新闻、广东国际、广东体育、广东公共、广东经视、南方卫视、广东综艺、广东影视、广东少儿等多种频道选择，更有荔枝台、触电新闻等新媒体的如虎添翼，电视观众真是大饱眼福了。而其中，又以《今日关注》《珠江新闻眼》《今日最新闻》《今日一线》《DV 现场》《新闻晚高峰》等民生新闻成为备受欢迎的王牌节目。该选看哪个频道、哪档节目？只要打开电视，观众手上的遥控器马上进入自我 PK 中。

毋庸置疑，PK 的选项愈多，电视适应新时代的发展速度就愈快、发展后劲就愈大。

PS

【释义】经一种专业图像处理软件处理过的数码照片，引申为不太真实。

【例句】本婚姻介绍所谢绝使用～过的照片。

不知道"PS"的人，现在恐怕没有几个了。好些年前沸沸扬扬的陕西省华南虎照片事件真相大白之前，美国著名华人刑侦专家李昌钰博士在一场专题演讲中便谈道："照片后期处理得相当好，我只能说咱们中国农民很不错，PS 的水平太高了。"

"艳照门"刚在网络上探头探脑，马上就有人认为又在 PS。而正是网友们凡事皆用 PS 的眼光大胆假设、小心求证，才有了对"周老虎"8 个多月的穷追猛打，使其最终原形毕露。随后才有了"刘羚羊"，中央级别的新闻摄影大赛亦被揪出了 PS 作品。像这样因 PS 而获新闻摄影大奖的事例，被曝光的已不仅仅是一两次了。PS 这两个大写字母，显然已颠覆了与图像认知有关的整个社会的公信力。

PS 的流行，大概可追溯至 2005 年的"小胖事件"。一个经典回眸的姿势，造就了网络红人小胖。他的脸被嫁接到各类图片中，成了网友花样迭出的创作 PS 作品的最好题材：一下子进入黑客帝国，一下子变身加菲猫，还可以成为超人、大侠、男版蒙娜丽莎……那一脸镇定的包子脸成了大家恶搞的对象。小胖成了所有网民的开心果。小胖所做出的重要贡献，是推动了 PS 技术的长足发展。另一个网络红人宋祖德，也是热衷于此道者。他在 2008 年推出以自己为题材的 PS 作品征集，又搞出了见者喷饭的好多 PS 版本。

PS，两个大写字母，本来可以指代好多事情。不过，它作为已街知巷闻的新流行词，大家都知道是经电脑处理过的，不真实的、非原生态的。比如长期占据电视广告主要时间段的推介洗发水产品的美女们，巧笑倩兮，美目盼兮，还有如瀑布般的亮丽秀发，谁又不知道功在 PS 啊！反正，那是个美丽的谎言，无论信或不信，都绝对吸引眼球。更何况，这比贪看大街上的美女保险多了，再多看几眼，老婆也不会有意见。

现在一说 PS，都知道指的就是 Photoshop，一种有名的专业图像处理软件，几乎所有的广告公司、平面设计公司都在使用。一般人家里电脑现时也会装上，以加入 PS 不可阻挡的大潮中。PS 比化妆品省事多了，想要美丽立马见效，相亲时不妨用这小照先试试阵。与其让广告上的美女争妍斗丽，倒不如自己先涂抹上阵。PS 是不真实的，换句话说，PS 是披着疑似真实外衣的谎言。

这个词语的流行会让人们想起一个传说：在很久很久以前，谎言和真实在河边洗澡，谎言先洗好了，穿了真实的衣服离开，真实却不肯穿谎言的衣服。后来，在人们的习俗眼光里，只存在穿着真实衣服的谎言，却很难接受赤裸裸的真实。正是有感于为人处世那"赤裸裸的真实"屡屡碰壁，PS 这才从穿衣打扮的"技术手段"上适时进行了弥补。

还是不要责怪这个流行词吧，还是不要责怪它何以让世风日见虚伪！要怪只能先怪我们自己。到底是因为什么，使我们都已容不得"赤裸裸的真实"？

正能量

【释义】指的是一种健康乐观、积极向上的动力与情感。

【例句】你这一站出来表态，好有～。

回看 40 年的流行词，每一年都有最热的那几个。有些词，当年很热，时间却会让其慢慢地甚至很快地冷了下来，以至于今天少有人提起。更有些词，则不会因岁月流逝而削减其词义的魅力，一旦流行，便从此挂在大家口头上。比如这个：正能量。

正能量成为流行词，始于 2012 年。事情缘于 2012 伦敦奥运火炬传递，7 月 4 日上午，一些被邀赴伦敦参与活动的博主，在新浪微博发布着"点燃正能量，引爆小宇宙""点燃正能量，运气挡不住"的帖子。起初只是几个博主的发布行为，却引起网友纷纷模仿发布。当网友把"点燃正能量"的励志口号与伦敦火炬传递结合起来，伦敦奥运火炬成了正能量的代言物，"正能量"一词亦极速流行起来。

至 2013 年，正能量的使用持续火热。这一年，由国家语言资源监测与研究中心、商务印书馆等主办的"汉语盘点 2013"揭晓，"正能量"当选为该年的年度国内字词。如果有关评选规则可以允许蝉联，那么正能量或无悬念地会成为之后的年度热词。改革开放激活了社会发展的方方面面，有感于发展不平衡所难免产生的戾气、贪心、抱怨、沮丧、愚昧、无知、烦恼、算计、失信、失望、见不得人好等等负面因素，大家才在呼唤正能量、传播正能量、践行正能量。

改革开放 40 年，广州不乏正能量的人和事。陈开枝踩过的一些脚印，无疑会是其中的添彩一笔。2017 年 8 月 19 日上午 8 点多，从广州飞往百色的飞机缓缓降落在百色巴马机场，他再一次来到百色，这是他第 100 次踏上百色这片红土地，距离 1996 年他第一次来到百色已经过去了 21 年。21 年间，从市政府到市政协，从领导岗位到退休老人，一头黑发也变得花白，唯一不变的，是他"生命不息，扶贫不止"的正能量满满的誓言。

1996 年 11 月，时任广州市常务副市长的陈开枝第一次踏上百色地区的土地。那时，百色刚刚成为广州市的对口帮扶对象。

眼前的一幕，令他揪心不已：贫困户班成连一家住的是四面通风的茅草棚，班家的两个小孩身着破烂单衣，正缩成一团打寒颤。陈开枝眼圈都红了，连忙掏出身上所有的钱，请乡干部马上去买几套衣服给两个孩子穿上。他也是穷苦农家出身，当年若没有几位师友资助，就无法到广州上大学。1998 年 6 月起他改任广州市政协主席，扶贫工作更成为他随时随地牵挂的心头大事。

陈开枝的妻子说，他到百色比走亲戚还勤。妻子还说，结婚几十年来，老陈第一次带她外出"旅游"，就是到百色扶贫。他每次到百色基本都是利用双休日和节假日，清晨 5 点起床，乘 7 点多的飞机赶到南宁，下飞机坐汽车颠簸 300 多公里赶到扶贫点，常常下午 2 点以后才吃午饭，晚上 8 点以后才吃晚饭。曾经有人写了一副对联，形容政协工作是"无权无钱无人找，无忧无愁无烦恼"。但他不这样认为，而建议把对联改为"无权无钱无烦恼，有情有义有朋友"。他说，政协是一个载体，是一个广泛的爱国统一战线，团结各阶层人士、广交朋友、促进经济发展和社会进步是政协的责任。广州市有关部门的领导、企业的老总，港澳地区的政协委员，一次次被他带到百色地区的贫困山寨，好好地看看，好好地感受，结果越看心里越沉重，一个个都慷慨解囊。

有一首名为《小草》的歌，陈开枝在闲暇时总爱哼上两句。歌为心声，他表示："我是一名共产党员，为人民服务的责任没得变，扶贫的义务没得变。"2005 年 2 月 12 日，他又率团到百色开展考察和慰问活动，那是他第 50 次到百色开展帮扶活动、第 9 次到百色过春节。在当晚的捐赠仪式上，他宣布自己即将退休，但是今后对百色扶贫工作会一如既往地关心、支持并身体力行，只要身体健康，会再来 50 次，以实现一生来百色 100 次的愿景。退休后，他把扶贫视为生命中的正能量，一路坚持到百色扶贫。

当陈开枝第 100 次踏上百色的土地时，已是 78 岁。他表示，还会继续来，扶贫工作起码要干到 85 岁。人的一生应当怎样度过——一本著名小说中的这个经典设问，在陈开枝永不言倦的扶贫生涯中，有着满满的正能量答案。

宅男

【释义】指整天待在家里很少出门的男子，迷于上网或一些电子形式的活动。相应于女性，有"宅女"词，释义与之大体同。

【例句】阿妈你不用担心我的婚姻大事，当~最多女孩子喜欢了。

秀才不出门，全知天下事。古人这话，正好用来释义宅男，只不过古代没有"宅男"一说，"全知天下事"过程，必须靠读书解决，最好要读够五车书。秀才宅在家里，正是为了多点时间、少受干扰多读书，书中自有黄金屋，书中自有颜如玉。

习惯意义上的"读书"，今天恐怕要改说"阅读"，这才能够适应网络时代的"全知天下事"需求。起码现在有相当多的人，是依赖上网来填补知识空白的，宅男一词在进入 21 世纪后应运而生了。至于爱宅、爱上网的女性，则相应有着宅女一词去称谓。

一词惊醒众多人，当宅男、宅女作为新流行词流行开来，就连专业的语言工作者也惊觉它是那么精准地概括了一类人的生存心态。第6版《现代汉语词典》出版时，自是不会错过对"宅男""宅女"的收录，只是注释时略用了贬义，愚以为可稍作修正（见本词条释义）。

宅男迷恋上网但不一定"沉迷"，宅男爱玩电子形式的活动但不限于电子游戏，宅的过程应是充分接触网络的充实人生。宅男宅家里并不等于不爱交际，只不过其交际更乐于借助网络社交平台来完成。微信应运而生，其朋友圈可谓是专为宅男宅女的社交度身定造。作为腾讯公司于2011年1月推出的为智能终端提供即时通信服务的免费应用程序，甫一面世就大受欢迎，两年时间用户数便突破了两个亿。除了大、小朋友圈（各种朋友群），更有红包、支付、定位等不断推出的新服务，微信可谓使用功能强大。

有谁知，广州是微信的诞生地，宅男则是微信的催生者。正是因为生性爱宅，人称"微信之父"的张小龙，恐怕至今仍是知者不多。1994年华中科技大学毕业后，他就选择来广州，一宅20多年了，有几人在公众场合见过他？爱宅之人，来广州的事业起步点自是软件开发，1997年他开发成功的Foxmail，属于国内优秀的国产电子邮件客户端软件。2005年，他带着被腾讯收购的Foxmail软件，加盟腾讯公司，担任广州研发部总经理。如今当上腾讯公司副总裁，他依然避免在社交场合上出现。

宅男一般不善于与人沟通，而正是这个性格上的"劣势"，促成了张小龙的事业成功。Foxmail、QQ邮箱、微信，他先后成功推出的产品，都是为了沟通而生。熟悉他的人最清楚了，这位在互联网产品领域被奉为"大神"的人物，甚至没有太好的演讲功底，以致出现过因怕忘词而拿着手机演讲的情形。难怪他在饭否上这样表白道："这么多年了，我还在做通信工具。这让我相信一个宿命，每一个不善沟通的孩子都有强大的帮助别人沟通的内在力量。"

身为宅男，张小龙会不会相信，改革开放中的广州也联结着他的事业宿命？大学毕业后从湖南邵阳来到广州，他应发现广州人普遍表现出来的低调、务实、不张扬，赋予了他从此"宅"下去的最好土壤。与其把时间和精力浪费在营营役役的社交上，倒不如实实在在做一些事情，爱宅才会赢。

获得感

【释义】多用以表述人民群众共享改革开放成果的幸福感。

【例句】去年国家开两会，代表委员热议的一个关键词就是～。

2015年12月，语言文字期刊《咬文嚼字》发布2015年度"十大流行语"，"获得感"一词位列榜首。

2016年5月31日，教育部、国家语委在京发布《中国语言生活状况报告（2016）》，"获得感"入选十大新词。

或为流行语，或成新词，总因可触可感而常挂口头上，总因变化之快而喜上眉梢。获得感的着眼点，在于所有人，尤其在于普通人。

如果从改革开放40年的广州城市变化，去看同城生活的获得感，你会选什么？答案可以有好多种，如果选项设定于城市建设，不妨选一选横亘于珠江上的跨江大桥吧。

广州第一座连接珠江两岸的钢结构跨江大桥，是1933年2

月建成通车的海珠桥。那时没有"获得感"这个词，珠江两岸同城生活的获得感却由此而起。1938 年日军侵占广州时，桥中段的开合部位被严重损毁，1949 年 10 月国民党军队败退广州时甚至把桥炸掉。广州解放后很快修复了海珠桥，使之于 1950 年通车，整座城市由此也迎来了从"河北"到"河南"的大发展。1974 年，桥两侧被加宽以应对日益增多的人流车流疏导新需求。2013 年 9 月，八十高龄的海珠桥经重修后，继续担当着疏通南北两岸交通的重要角色。

1963 年，广州建市后首度评出的"羊城新八景"，所建跨江大桥景观全数入选，这就是"珠海丹心"（海珠桥、海珠广场）以及"双桥烟雨"（珠江大珠东、西桥，建成于 1960 年）。那时也没有"获得感"这个词，桥在城市生活中的获得感由此评选可感其重要分量，既有交通功能上的，还有文化景观上的。1967 年 5 月 1 日竣工通车的人民桥，属于连接珠江南北两岸的第二座跨江大桥，对于位处"河北"之荔湾区部分的市民来说，与"河南"（海珠区）的交通往来又多了获得感的直接喜悦。由于是海珠桥建成后横跨珠江南北的第二座桥，据说它曾被称为"海珠二桥"，但市民却普遍叫它"新桥"，半个世纪后的今天甚至还有人改不了口，这让后来的好多"新桥"情何以堪？

珠江两岸交通往来更大更多的获得感，毫无疑问来自改革开放 40 年。1985 年 5 月建成通车的广州大桥，属于横跨珠江南北的第三座桥，有"珠江三桥"的说法。1988 年建成通车的海印桥，顺延着也被称为"珠江四桥"。到此为止，"珠江 N 桥"没有继续说下去了，因为接下来，广州的新建公路大桥已让人眼花缭乱。却说 1986 年广州再评"羊城新八景"，有关专家否决了突出桥景观的思路，理由就是广州的城建速度尤其是建桥速度会愈来愈快。事实果然如此，从 1985 年 5 月的广州大桥通车，到 2009 年 7 月猎德大桥通车，在不到 25 年的时间里，江面上至少有 15 座过江桥梁建成，平均一年多时间就有一座新桥诞生。

广州本水城，城中尽是湖、溪、河、涌、濠。我们的祖先穿行其间，河网交通全靠小船和跨河的桥来来往往，有桥可行当然就大大提高着水城生活的获得感。宋人有诗为证："经营犹记旧歌谣，来往舟人趁海潮。风物眼前何所似，扬州二十四红桥。"当然，"二十四"是形容其数量之多的泛指，古城广州的桥数量显然要多得多。还看今日之大铁桥，所渡者皆曰"江"。1988 年 8 月建成通车的洛溪大桥，全长 1916 米、宽 15.5 米，主桥长 480 米，建成后曾被中外桥梁专家誉为"亚洲第一桥"。当然了，现在的十多座，都很长、都很靓，正应了"花多眼乱"这话，过多了、看多了，也就习以为常了。

一座桥，一座城，一种获得感。也许，改革开放 40 年来的获得感，有一种感受方法来自路桥之通畅。且记住这些"新桥"的名字：广州大桥、洛溪大桥、海印桥、江湾桥、解放大桥、鹤洞大桥、丫髻沙大桥、新光大桥、番禺大桥、华南大桥、东圃大桥、黄埔大桥、东江大桥、金沙洲大桥、猎德大桥等。同处一座城，总因城市的发展而体验幸福、而体验获得感。

违和感

【释义】①不和谐、不协调、不相容的感觉；②无法融入的感觉。

【例句】你这亦古亦今、中西合璧的装扮，很有~嘛！

该词在网络流行的缘故，源于日语，因为动漫主人公爱用之比喻这个比喻那个。

倘查究一下，"违和"一语，老早已出现在中华文化典籍中，汉代焦赣在《易林·屯之泰》中写道："调摄违和，阴阳颠倒。"宋朝欧阳修《嘉祐七年与王懿敏公书》亦言道："昨日公谨相过，乃云近少违和，岂非追感悲戚使然邪？"所指者，或不协调，或身体的不适。只因加了个"感"，经动漫、游戏、轻小说之类一润色，又潮了起来。

该词在使用时，常会前缀"毫无"二字。比如明星周杰伦在网络上分享了一张粉丝将他的脸 PS 在《惊天魔盗团 2》的海报上，网友们见之便调侃为"毫无违和感"。通过这个例子可知，"毫无"说的是反话，加上这所谓的否定语，违和感的程度反而严重得多。

改革开放为城市生活带来了很大的提速，现代化、城市化进程中亦难免有不平衡，自会产生违和感。中国在发展中所出现的问题，广州也会出现。广州有一条颇出名的广州大道，用它作为例子，也许很能说明城市生活以及城市文化的违和感。以城市自身名字来命名的城市道路，广州仅此一条，得名以来所发生、所见证的事情，也表明该道路颇具 40 年发展的样本意义。

有些人知道它，是因为一首同名歌曲。《广州大道》是这样唱诵广州大道的："奔走在傍晚六点的广州大道／心情实在是有些糟糕／不知道前面究竟怎么了／车一直堵到了天河立交／在这个充满了梦想的城市中／经过了多少欢乐苦恼／日子在一天一天的过去了／感觉到自己在慢慢变老……"车载永远的梦想，却在永远的堵车路上，你说，这违和感该有多么强烈！

堵车，是中国当今一线城市的通病。但广州大道之堵，却别有一番滋味在心头。需知能称"大道"者，一定宽而长。它，作为南北交通的一条主干道，双向八至十车道，北面起点在白云区太和镇，南面终点在海珠区洛溪大桥，全段分为北、中、南三段，其间经过天河区和越秀区，中间以广州大桥跨过珠江，全长约 17.1 公里。如果在所经数个行政区域中稍作重点梳理，会找出车流每天来来往往的两个最主要终点站，一是天河（当然也包括大道西侧的属于越秀区的一些重要写字楼）、二是番禺。

去天河，好理解，那里拥有广州的 CBD（中央商务区），写字楼特别多，而且都特别高。那里的房地产业、信息产业、百货业、酒店业等都非常发达，以金融、商贸、信息、商务等为主导的现代服务业亦集聚其间，在那里创业以及上班都是人生梦想某种成功或将步入梦想的某种标志。说到广州大道西侧（属于越秀区），则有着著名的"289 号大院"，那里是改革开放以来所有怀抱一个新闻梦想、欲投身媒体圈成就一番事业的圆梦地。这样高度繁华的业态，天河的楼盘价格亦往往反映着广州楼市的最高点变化。

去番禺干什么？番禺今为广州的一个行政区，改革开放之初为广州"代管县"，其间也曾撤县建市，应该说，是 20 世纪 80 年代先后建成的广州大桥和洛溪大桥，才使番禺与广州的关系亲密起来。亲密了，好筑梦，好多人回想番禺给自己留下的第一印象，立马想到的就是"睇楼"。由于楼价相对偏低的缘故，好长一段时间里，广州市的房地产销售榜单，几乎就是番禺房地产销售的代名词，因为都被番禺各大屋邨的售房榜单所囊括。

番禺居住、天河上班，自改革开放以来，这几乎就是好多人来广州宜居宜创业的初始选择。托房地产业的福，因为居住人口大量增加的缘故，番禺又有了一个别名叫"睡城"——供在天河区上班者回去睡觉的地方。每天回去睡觉的路上，却是广州大道上的一路堵堵堵，"有些迷惘，有些累了/当初的梦想，究竟还剩多少/我们是不是每天都要不停奔跑"，拥堵的路途好听歌，句句唱出了违和感。

如果从广州大道东与西之间的关系，又能读出些什么呢？倘把广州比作一本常掀常新的大书，那么，广州大道就是其书脊。往西边读，是称为老城区的内容，老城的文化肌理可从中细细抚摸；向东边翻，乃是新城区的内容，日新月异的城市变化，更多在书脊的这面呈现。于是，新老城区在发展速度差异上的不相称，直接体现在文化表现上，便是较为强烈的违和感。正是因为违和感的客观存在，以广州大道为样本的广州文化也正在反省自己、创新自己、荣耀自己。

打 CALL

【释义】表示对某人、某事、某物的支持与赞同。

【例句】为你的新作品～。

2017 年 12 月 12 日下午，《咬文嚼字》评出了 2017 年度十大流行语，其中就有它：打 CALL。

CALL，英文中是"喊、叫"的意思。最早识它，是因为上世纪八九十年代流行的 CALL 机（传呼机），以及"有事 CALL 我"的常用语。

193

时移世易，CALL 机已经难寻，"CALL"却与"打"组合成新词，迅速在网络上流行。且莫沿用旧习惯，把打 CALL 理解成打电话。作为源自日、韩文化的一种应援文化，该流行词最开始的意思是演唱会现场观众疯狂喊叫，后指跟随音乐的节奏，用挥动荧光棒等方式与台上的表演者互动。身处互联网时代，演唱会现场不经常有，网络互动随时有，打 CALL 的借用可谓不用白不用。

广州在 2017 年 12 月 6 日至 8 日这三天时间里，或者说从进入 12 月开始，经历了一次全城上下的集体打 CALL。时逢《财富》全球论坛在广州举行，"开放与创新：构建经济新格局"为此次论坛主题，152 家世界 500 强企业、超过 1000 名中外各界代表出席，参会 500 强企业数量及 CEO 数量均突破历年之最。广州人身为东道主，当然要隆重、热烈、欢快地对此打 CALL。为《财富》全球论坛打 CALL 的同时，广州也为自己打 CALL，你看微博、微信朋友圈，那些日子里都在晒城市的各种美容美貌，从蓝天白云，到花团锦簇，再到珠江两岸璀璨灯火书写的流动画卷……这样以靓丽妆容打 CALL 的情境，也让全世界看到了一个步入新时代的全新广州。

其实广州自古很靓，那时虽没打 CALL 这个词，但不影响古人用自己最能表达心曲的方式为广州打 CALL。比如清朝年间最靓丽的城市景观多呈现在西关，那时打 CALL 的一种风雅方式便是吟诵竹枝词。那时西关以大观河畔"八桥画舫"最聚人气，有个名叫蔡士尧的，一打 CALL 便是八首竹枝词，其诗章把著名的"西关八桥"所附载的西关民风民情，描绘得细致、生动、有趣，诸如"观音开库""七姐诞""南海神诞"等民俗喜庆活动，均形象、传神地打 CALL 了出来。

　　数风流打 CALL 人物，还看今朝。曾先后任广州市副市长、市长的朱光，上世纪五六十年代参与广州建设的同时，亦沉醉于其间的美妙，感慨万千，惟有打 CALL。老市长的打 CALL 方式，是以《广州好》为题，填词《望江南》，一填填了 50 首。对久负盛名的食在广州，他吟咏道，"广州好，夜泛荔枝湾。击楫飞觞惊鹭宿，啖虾啜粥乐馀闲。月冷放歌还。"对花城新貌，他又打 CALL 道："广州好，跳翠上萝峰，公社桃梅红十里，文山诗翰有遗踪，小立听晨钟。"诸如此类，都传诵至今。如果朱光老市长能活到改革开放后的今天，《广州好》应已写出好多首？

　　一代人有一代人的打 CALL 方式，一代人有一代人的打 CALL 指向。时间回到《财富》全球论坛召开的日子，广州人又将如何动作？从论坛闭幕式那天的朋友圈刷屏效果看，最令人难忘的打 CALL，应是无人机编队利用"科技舞蹈"在广州塔前的惊艳表演。12 月 7 日晚上，当《祝酒歌》合唱歌声响起，只见 1180 架无人机编队从海心沙飞起，随后在广州塔前亮灯形成"财富"两个汉字。随后，无人机又拼出代表广州的科技、航运、创新等元素的动画游走画面，以及"开放""创新"的中文字样。配合着音乐的旋律，在尾声高潮部分，无人机又拼出了巨幅的"I♥GZ"的大字。最后，无人机编队组成了全红色的中国地图图案。最闪亮的一次打 CALL，总是献给最闪亮的一道风景线：城市的新中轴线。

　　广州这一条新中轴线，起源于改革开放后的城市新发展。新中轴线串起的知名地方以及建筑有：花城广场、海心沙、广州塔、西塔、东塔、广东省博物馆、广州图书馆、广州大剧院、天河体育中心、中信广场等，接下来还会串起更多更多。多姿的建筑造型，多彩的设计风格，堪称"现代建筑的一线博览"。

比如广州图书馆的外观设计，是"之字优雅体"，不同角度观赏它，皆可产生"美丽书籍"畅想；又如广东省博物馆呈现的是"珍宝容器"外观，广州大剧院长成了"圆润双砾"的模样，观之皆可展开与文化、艺术有关的想象翅膀。

2011 年广州人再评羊城八景，"塔耀新城"在公众投票中，以第一名胜出。"塔耀新城"，指的不是一个孤立存在的"塔"，它在新中轴线串起的新城背景的衬托下才得以存在。而正是广州塔下"千机变"无人机编队的缤纷天幕秀惊艳这一刻，以新中轴线为代表的城市建设新成就亦向世界广为传播。作为为《财富》全球论坛打 CALL 的广州人一分子，只会更爱这座城市、更爱这个国家。

后　记

　　有读者朋友可能已经发现问题了。你既然提到"本书阅读指定词汇路径"是新版《现代汉语词典》，可是，书中有些流行词在新版词典中找不到啊！另外，有些词义注释为什么不遵从工具书上的规范说法？作者难道比专家还高明吗？在回答有关问题之前，我要先向自第 5 版以来的新版《现代汉语词典》的编纂、修订人员表示由衷的敬意和谢意！若不是先后读到这三本最广泛地集中了语言学者智慧和辛勤劳动的不断更新、调整着的汉语工具书，就不会有这本书的写作冲动。我在本书开头说过，作为一个本土文化情结深深的广州人，马上产生的兴奋点是"粤方言北上"之自然进行。由此带来的新兴奋点就是，我正尝试涉足的广州学研究，已找到了从语言角度切入的一个至佳方向。

　　应该说，新版词典确实简化了于我来说难度最大的词义钩沉问题，释义时可以随时参照。不过，在比照新版词典的词义时，困惑也随之而来：为什么，"埋单""买单"可以并存？为什么，"搞定"可以搞定"搞掂"？"打 CALL"和"有事 CALL我"都用到的"CALL"，到底有多少关联性？古人早已提及的

"违和"与日韩动漫爱说的"违和"，两者差异性又有多大？诸如此类，从粤人的视角，有些词义问题显然值得商榷。我并不比专家高明，所提出来的不同解释只属于求同存异。本来，世界上所有的语言工具书，只是相对静态而实为动态的发展中的产物。我没有完全遵从规范说法的最主要原因，在于所写者并非工具书，而是"改革开放 40 年流行词中的粤地样本"，仅此而已。

因为专注于 40 年中的流行词，选择样本时就不必看它们是否够资格进入新版词典。工具书收词更看重其生命力，流逝了的便不再考虑。而这本书所选取的流行词，更看重其样本意义，只要能够凝固 40 年中更侧重于讲好广州故事的有价值、有品位的瞬间；只要能够展现改革开放中广东人自成一格的行为、规范、品行、操守、精神与风貌；只要能够折射中国社会在由计划经济向市场经济转型中的发展变化；更重要的，在于能够呈现中国特色社会主义进入了新时代所发生着的深刻的、历史性的变革。

如读者所见，这本书有似曾相识的感觉。这就要提到，我十年前撰写的《世事新语——改革开放 30 年流行词的广东样本》。它，于 2008 年 10 月的南国书香节上甫一推出就成为热点，省、市媒体的各种报道持续不断；同年 12 月，它入选广东省"百种纪念改革开放 30 周年重点出版物"；2009 年 7 月，它被邀参展第 20 届香港书展，作为作者的我，与香港学者以"看粤语这 30 年如何影响中国"为题展开论坛对谈；同年 10 月，它又入选"广东百种优秀社科理论普及读物"。凡此种种，知道它、读过它、珍藏它的读者朋友，应有不少。

正如电脑、手机各种系统需要升级一样，目前你拿在手中的这本《词述广州四十年：流行词语境中的广州学密码》，正是十年前那本书的"升级版"。十年人事几番新，十年可称一个"年代"，正是基于事隔十年的万千变化，十年前那本书的内容很有调整、充实、更新的必要。如读者所见，这十年间一些最新的流行词，已被补充进来，"词述"的重点便是借词说话，此乃修书思路的第一点。以下还有两点，也稍稍再说明一下。

一是注意从广州学研究的思路切入。40 年间粤语挟带改革开放的新事物、新潮流、新观念、新趋势，从广州出发持续影响着中国，40 年间推广普通话的前所未有的成功在令作为国家中心城市的广州实至名归，40 年间各地方言更有网络潮语让新一代广州人对时代进步有了更多切肤认识。也似乎只在 40 年间，广州改变了很多。世界总在变，始终不变的，是广州文化之作为广州文化的真我性情。因此，广州不崇尚空谈，广州相信改变，广州处事实在，广州活得开心。事实上，在广州建城已两千多年的历史长河里，恰恰也是这"行得快，好世界"的改革开放 40 年，由现代广州和传统广州的互融互动，而带出了广州学研究中最具地方学价值的一面。

二是注意讲好广州故事。延续着原来版本的叙事方式，本书多是按照"流行词＋广州人（兼顾广东珠三角及部分珠三角地区外的故事主人公）＋现象折射"的模式，去解读所涉流行词。改革开放 40 年能有今天，说到底还是靠具体的人去做的。正如一部中国近代史离不了敢为天下先的广州人一样，中国改革开放 40 年的功劳簿上，也将铭记广州人先行一步的深深足迹。故事很多，我怎么选，也会挂一漏万。本书采取的是"熟悉者优先原则"。超过 30 年从事新闻工作的个人履历，所采访过的改革开放践行者，已不知记满了我多少个笔记本。如今，袁庚、梁广大、黎子流、陈开枝、钟南山、廖冰兄、丛飞、容志仁、高德良、贝兆汉、劳贞波……当一张张熟悉的脸孔浮现脑际时，可谓百感交集，这也方便于我给有血有肉的他们逐个试贴上流行词的标签。当我在 40 年的时光隧道中来回穿梭，追寻那些或已消逝或正火热的故事时，竟产生了一种打捞历史的使命感；当我写下一些已不再被人记起的名字，记下他们改革开放所饮的"头啖汤"，总有一种向先行者致敬的冲动。没有前人的不怕摔跤、大胆走路，就没有今天的一切一切。路，往上走的路，总是一个台阶一个台阶地走出来的。

中国改革开放能有今天，很重要的一条经验就是敢于冲破禁锢、解放思想、大胆实践，哪怕是发生在我身上的择业这样的小事。遥想 20 世纪 80 年代中期，在当时的广东电视台、南风窗杂志社面向全社会的公开招聘中，我都先后报了名。填写有关表格时，我老老实实地在"职业"栏表明"工人"身份，在"文化程度"栏写上"高中毕业"情况。然而，这并没有影响我两度被顺利录用。30 多年过去了，我真的很怀念当时那种不拘一格的用人机制。没有从那以后开始的文字工作岗位上的长期磨砺，就没有我后来所撰写的涉足语言、涉足岭南文化方面的书，包括现在这一本。

如果没有中国改革开放的大环境，一个人再有本事也是无法施展的。在这里，我要感谢在我撰写以及修改这本书稿过程中给过我具体帮助的涂成林、连凌云、朱仲南、陈锐军、王凯波、杨华辉等兄长、朋友们，当然更要感谢一直在背后默默奉献、默默支持的妻子梁佩红，"其实世界上最幸福的童话，不过是一起度过的柴米油盐岁月"，她对我的人生目标从来不提要求，却令我明白"做人要过得了自己这一关"。

那些事、那些人、那些词……都付铭记中。

饶原生

2018 年 3 月 19 日

图书在版编目（CIP）数据

词述广州四十年：流行词语境中的广州学密码／饶
原生著. -- 北京：社会科学文献出版社，2018.12
（广州学研究丛书）
ISBN 978 - 7 - 5201 - 3836 - 9

Ⅰ.①词… Ⅱ.①饶… Ⅲ.①汉语 - 社会习惯语 - 研
究 - 广东 - 1978 - 2018 Ⅳ.①H136.4

中国版本图书馆 CIP 数据核字（2018）第 257223 号

·广州学研究丛书·

词述广州四十年：流行词语境中的广州学密码

著　　者／饶原生

出 版 人／谢寿光
项目统筹／任文武
责任编辑／连凌云

出　　版／社会科学文献出版社·区域发展出版中心（010）59367143
　　　　　地址：北京市北三环中路甲 29 号院华龙大厦　邮编：100029
　　　　　网址：www. ssap. com. cn
发　　行／市场营销中心（010）59367081　59367083
印　　装／三河市东方印刷有限公司

规　　格／开本：787mm×1092mm　1/16
　　　　　印张：13.25　字数：155 千字
版　　次／2018 年 12 月第 1 版　2018 年 12 月第 1 次印刷
书　　号／ISBN 978 - 7 - 5201 - 3836 - 9
定　　价／68.00 元